유통의 귀환

애널리스트 오린아의

유통의 귀환

오린아 지음

베가북스
VegaBooks

저는 유통 산업을 정말 좋아합니다. 늘 새롭고 역동적이기 때문입니다. 유통/화장품 업종 담당 연구원으로 10여 년간 분석을 해오면서, 전 세계적으로 빠르게 변화하는 산업의 트렌드와 새로운 사업 모델을 가지고 등장하는 플레이어들, 점포와 물류, 배송 등에 적용되는 신기술에 감탄할 일들이 많았습니다. 그럼에도 불구하고 이런 내용보다 유통업의 종말, 오프라인 매장의 굴욕, 온라인 치킨게임 등 최근 산업의 변화 중 부정적인 부분만 많이 부각되는 것이 안타까웠습니다. 또한 제가 분석을 담당하는 상장업체들도 대체로 오프라인 비중이 훨씬 높아서, 투자자들로부터 소위 '변화가 없다, 재미없다'라는 평가를 받는 경우도 많았습니다. 하지만 실제 업계를 들여다보면, 다들 그 누구보다도 치열하게 고민하고 변화를 모색하고 있습니다. 그 고민과 변화가 아직 알려지지 않았을 뿐입니다.

이 책은 그러한 내용을 공부하고자 하는 분들을 위해 썼습니다. 유통업 투자를 위해 과거 어떤 일들이 있었고 어떻게 흘러왔는지 알고 싶은 분, 현재 유통업 판이 어떻게 돌아가고 있는지를 공부하고 싶은 분, 향후 업종 내에서 어떤 것들이 메가 트렌드가 될지에 대해 고민하시는 분들께 나침반이 되고자 했습니다. 제 책이 독자분들께 좀 더 깊은 공부, 향후 전략에 대한 인사이트, 유통업에 관련된 투자 아이디어를 드릴 수 있다면 더할 나위 없이 기쁘겠습니다.

PART 1에서는 유통업이 정확히 무엇인지, 그리고 각 시대별로 어떻게 변천해왔는지를 담았습니다. 경제 성장에 따라 어떤 업태가 새로 등장하고, 또 소매시장을 주도하는 포맷이 어떻게 변화했는지 자세하게 살펴보실 수 있습니다. 대한민국 이커머스의 시작과 그 이후 성장 과정도 빼놓을 수 없습니다. 한국 최초의 온라인 쇼핑몰은 무엇이었는지, 각 시대별로 어떤 업체들이 어떤 전략을 폈는지, 또 어떤 품목들부터 온라인 쇼핑이 확산되기 시작했고 아직 침투가 많이 되지 않은 블루오션은 어디인지에 대해서도 다뤘습니다. 더불어 유통업에서만 쓰이는 업태별 용어들을 쉽게 풀이해놓아, 업종 전반을 쉽게 이해하실 수 있을 것이라 생각합니다.

PART 2에서는 지금 우리가 마주하고 있는 유통업의 변화들을 보실 수 있습니다. 코로나19가 바꾸어놓은 유통업의 트렌드를 시작으로, 오프라인 업체들이 공격을 가속화하는 온라인에 대응하기 위해 어떤 점에 집중하고 있는지 담았습니다. 코로니19로 빠르게 성장하는 온라인 장보기 시장과, 잘 알려지지 않았지만 이미 90년대에 온라인 식품 쇼핑 서비스를 제공했던 웹밴의 이야기도 흥미롭습니다. 또한 최근 네이버, 카카오와 같은 플랫폼 업체들이 커머스에 속속들이 진입하고 있는 배경과 전망에 대해서도 다뤘습니다.

PART 3은 유통업에서 앞으로 펼쳐질 모습들을 담았습니다. 무인 점포, 풀필먼트, 인플루언서 커머스, 리테일테크, 라이브 커머스, 신유통(New Retail) 등 향후 수년을 이끌어갈 메가 트렌드에 대해 분석했습니다. 이를 통해 향후 유통업종에 대한 투자 기준을 세우는 데에 도움을 드리고자 했습니다. 또한 업계에 종사하시는 분들께도 글로벌 업체의 사례를 통해 회사가 가야 할 방향에 대한 아이디어를 드릴 수 있었으면 합니다.

업종을 분석해오면서 "책을 꼭 한 권 써야지." 하고 마음을

먹었던 게 벌써 몇 년이 흘렀습니다. 이 책이 세상에 나오기까지 많은 도움을 주신 이베스트투자증권 리서치센터 윤지호 전무님과 NH투자증권 서재영 상무님, 베가북스 관계자분들께 감사드립니다. 책을 집필하는 동안 전적으로 응원해주신 부모님, 사랑하는 동생 린지, 항상 큰 힘이 되어주는 (예비) 남편 재민에게 진심으로 고맙습니다.

또한 유튜브 채널 "오린아의 유통귀환(https://bit.ly/3mkGAWq)"을 통해 제 책과 관련된 이야기도 나눌 예정이니 많은 구독 부탁드립니다.

PART 1
유통업 기초 과외 시간

01 너와 나의 연결 고리, 리테일을 소개합니다

02 유통의 시대별 주인공: 누가 빛을 보고 누가 사라졌는가

PART 2
난 누군가 또 여긴 어딘가

PART 3
리테일 혁명, 유통의 귀환을 꿈꾸다

01 외로운 쇼핑의 미래

02 배송 전쟁: 풀필먼트의 시대

PART **1** ————————————————————————

THE RETUR

유통업 기초
과외 시간

OF RETAIL

01

너와 나의 연결 고리,
리테일을 소개합니다

원조 플랫폼, 유통업은 무엇인가?

요즘 경제 관련 매스컴에서 가장 많이 회자되는 단어 중 하나는 플랫폼일 것이다. 세계 경제를 주도하는 아마존, 알리바바, 구글 등이 소위 '빅테크 플랫폼'이라 불리고 있고, 우버, 틱톡 등 높은 밸류를 평가받고 있는 신생기업들 또한 공유경제 '플랫폼', 동영상 '플랫폼'으로 불린다. 그 외에 벤처기업이나 스타트업들도 모두들 '○○○플랫폼'을 표방하는 모습이다. 이처럼 뭔가 멋들어진 사업을 해야만 '플랫폼'이라는 단어를 붙일 수 있을 것 같지만, 전통적인 유통 산업 특히 리테일이라고 부르는 소매업이야말로 오래도록 플랫폼으로서 활약해왔다. 플랫폼의 본질은 기본적으로 수요와 공급을 연결해주는 데 있기 때문이다. 혁신적인 기술을 가지고 만든 화려한 비즈니스 모델이 아니더라도, 우리가 주변에서 쉽게 볼 수 있는 전통 시장이나 증권거래소도 플랫폼의 속성을 지니고 있다. 전통 시장은 물건을 사고 싶은 사람과 물건을 팔고 싶은 사람을 연결해주고, 증권거래소는 증권을 사고 싶은 사람과 팔고 싶은 사람을 연결해주기 때문이다.

"결국 플랫폼의 본질은 연결이다!"

일반적으로 상품의 유통은 1)생산자로부터 2)도매상을 거쳐 3)소매상을 통해 4)소비자에게 전달되는 과정을 따르는데, 이 중 3)소매상을 통해 4)소비자에게 전달되는 과정이 바로 리테일이다. 리테일의 어원은 '자르다'라는 뜻의 프랑스어 'Retaille'인데, 이는 대용량으로 거래하는 도매가 아닌, 소량으로 소비자에게 "떼어" 판매한다는 뜻에서 유래했다. 소매업 또는 리테일이라 불리는 산업은 상품이 최종 소비자로 연결되는 단계기 때문에 중요한 역할을 한다. 소비자 지출은 우리 경제의 많은 부분을 견인하고 있으며, 소매업은 최종 소비자와 만나는 접점이기에 우리가 다양한 상품과 서비스를 누릴 수 있게 도와준다.

업종 규모를 가늠해주는 소매판매액

소비자와 만나는 이 리테일 접점들을 영업 형태 등에 기반해 종류별로 구분한 것을 업태라 부른다. 업태는 백화점, 대형마트, 슈퍼마켓, 복합쇼핑몰, 아울렛, 면세점, 전통 시장 등 점포를 가지고 영업하는 소매 업태부터 홈쇼핑이나 온라인, 모바일 쇼핑 등 점포가 없는 형태까지 다양하다. 그리고 이러한 채널들을 통해 우리가 다양한 상품과 서비스를 구매했던 금액을 모두 합치면 소매판매액이 된다. 통계청에 따르면 2020년 우리나라 소매판매액은 475조 2,195억 원을 기록했다. 사람들이 백화점, 대형마트, 면세점, 슈퍼마켓, 편의점, 승용차 및 연료 소매점, 전문 소매점, 무점포 소매 등에서 소비한 금액을 모두 합하면 1년 동안 475조 2,195억 원이었다는 뜻이다. 2020년 소매판매액은 2019년 대비 0.4% 증가했는데, 코로나19로 인한 소비 위축이 어느 정도 있었다. 지난 5년간 한국의 소매판매액은 연평균 3.1% 증가해왔기 때문에, 이미 성숙기에 접어들었으며 급격하게 성장하는 모습은 아니라고 볼 수 있다.

"소매판매액의 급격한 성장을 기대하기는 어렵다!"

소매판매액은 국가통계포털에서 찾아 볼 수 있는데, 소매 업태별 판매액과 상품군별 판매액을 각각 월별, 분기별, 연간 단위로 확인할 수 있다. 다만 상품군별로 데이터를 살펴볼 때는 상대적으로 고가 소비재인 승용차 및 차량 연료가 포함되어 있으므로, 왜곡 효과를 고려해 데이터를 분석해야 한다.

▶ 승용차 및 연료 소매점이 포함된 소매판매액 비중

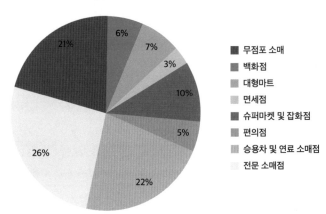

자료: KOSIS, 이베스트투자증권 리서치센터

이에 업태별로 구분지어 상장사 영업 상황 파악을 위해 살펴보는 데이터는 산업통상자원부가 월별로 발표하는 '주요 유통업체 매출 동향' 자료다. 산업통상자원부는 소비동향 파악을 목적으로 매월 경상 매출액을 기준으로 업태별 성장률을 발표한다. 백화점, 대형마트, 편의점, SSM(Super Supermarket), 온라인별로 구분해 볼 수 있으며, 오프라인 13개사와 온라인 13개사를 기반으로 한다. 2020년 코로나19로 인해 주요 오프라인 유통업체 매출액은 전년 대비 3.6% 감소했으나, 온라인 유통업체 매출액은 전년 대비 18.4% 증가했다. 2017년 온라인 업체들은 전체 유통업체 매출액 중 35%를 차지했는데, 2020년에는 코로나19로 인해 온라인 시프트가 가속화하면서 46.5%까지 크게 상승했다.

구분	2019년		2020년	
	매출비중	매출증감률	매출비중	매출증감률
대형마트	19.5%	-8.8%	17.9%	-3.0%
백화점	17.8%	0.9%	15.2%	-9.8%
편의점	17.1%	4.0%	16.6%	2.4%
SSM	4.2%	0.1%	3.8%	-4.8%
전체	100.0%	4.3%	100.0%	5.5%
오프라인 합계	58.6%	-1.8%	53.5%	-3.6%
온라인 합계	41.4%	14.2%	46.5%	18.4%

자료: 산업통상자원부, 주: 오프라인 13개사와 온라인 13개사 기준

02

유통의 시대별 주인공: 누가 빛을 보고 누가 사라졌는가

국민소득 3만 달러가 주는 의미

소매판매액 안에서 업태별 구성비는 시대를 거쳐 변해왔다. 전체 소매판매액 규모는 급격하게 커지지 않고 있으나, 그 안에서 누군가는 지분을 잃어왔고 누군가는 사세를 확장하며 지분을 늘렸다. 대표적으로 백화점, 대형마트는 과거의 영화를 뒤로한 채 지고 있고, 편의점과 온라인 등은 괄목할 만한 성장을 이뤘다. 소득 수준이 높아지고 인터넷의 발달로 온라인 쇼핑이 등장하면서, 소비자들의 소비행태가 바뀌었고, 이에 따라 소비자들의 사랑을 받는지 그 여부에 따라 업태의 흥망성쇠가 결정되었기 때문이다.

이 패턴의 변화는 국민소득과도 밀접한 연관이 있다. 국민소득의 증가는 그 단계에 따라 소비행태는 물론 소비자의 가치관 변화를 동반해왔다. 경제 발전 초기 단계에서는 생존을 위한 소비를 하지만, 점차 브랜드 위주의 소비로 발전하게 된다. 최종 단계는 쇼핑과 식음료 그리고 문화까지 합쳐진 라이프스타일 소비다. 2018년 한국은 전 세계에서 일곱 번째로 '30-50' 클럽에 가입했다. 30-50 클럽이란 1인당 국민소득이 3만 달러 이상인 동시에 인구가 5천만 명 이상인 경제를 지칭하는데, 이를 통해 충분한 규모의 내수 시장과 국민들의 소비 능력을 증명할 수 있다.

▶ 30-50 클럽 가입 현황

국가	가입연도
일본	1992
미국	1996
영국	2004
독일	2004
프랑스	2004
이탈리아	2005
한국	2018

자료: 이베스트투자증권 리서치센터

"이제 라이프스타일 소비의 시대다!"

성숙한 시장의 소비자들에게 쇼핑이란 단순히 생활필수품이나 기호품을 구입하는 것이 아니다. 놀이, 문화, 휴식을 원스톱으로 해결하려는 소비자들의 욕구가 증가하게 되고, 이를 반영해 유통 업태의 패러다임도 바뀌는 때가 온다. 과거 소고기를 먹기 위해 주변에서 흔히 찾을 수 있는 일반 음식점에 가던 단순한 소비 행태가, 아웃백 등 프랜차이즈 패밀리 레스토랑에서의 소비로 진화했던 것을 기억할 것이다. 이제는 점차 한남동이나 청담동의 소위 '힙한' 식당에 가서 소비하고자 하는 행태가 나타나고 있다. 소비자들의 행태가 바뀌기 때문에, 이 행태에 부합하는 유통 채널들이 새로 부상하기도 하고 역사의 뒤안길로 사라지기도 한다. 국민소득이 2만 달러에서 3만 달러에 도달하면서 메인 유통 채널은 백화점과 대형마트에서 복합쇼핑몰과 아울렛, 창고형 할인매장 등으로 다양화한다. 또한 실물자산 비율이 60% 이하로 떨어지면서 주거 관련 소비도 홈퍼니싱, 리모델링 쪽으로 확대되며(한국은 여타 선진국 대비 실물자산 비중이 상대적으로 높지만, 이는 논외로 하자), 의류는 브랜드 위주의 소비에서 가치 소비로 진화한다. SPA(Specialty store retailer Private label Apparel brand, 기획부터 생산, 유통,

판매까지 관리하는 브랜드) 브랜드나 온라인을 기반으로 한 소규모 니치(niche) 브랜드들의 확산도 이러한 트렌드 중 하나다.

▶ 국민소득 증가에 따른 소비 패턴 및 제반 환경 변화

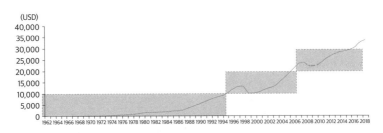

	국민소득 1만 달러	국민소득 2만 달러	국민소득 3만 달러
소비패턴	생존을 위한 소비	브랜드 위주의 소비	쇼핑 + 식음료 + 문화 소비
유통채널	재래시장, 영세 소매상	백화점, 대형마트	창고형 할인매장, 교외형 쇼핑몰, 아울렛
부동산	실물자산 비중 85% 내외	실물자산 비중 약 70%	실물자산 비중 60% 이하
주거	내 집 마련	가구 및 소품 관심 확산	홈패션, 리모델링, 북유럽가구
의류	기본적인 의식주 개념	유명 브랜드 소비 확대	SPA브랜드, 가치 소비, 친환경 소재 의류
미용	성형외과	피부과	노화 지연 시술
레저활동	등산	골프	승마, 요트, 캠핑
외식문화	일반 음식점	유명 패밀리 레스토랑	숨겨진 맛집
식품	기본적인 의식주 개념	가공제품 확대, 웰빙 문화	유기농 식품, 고급 가공제품
기호식품	담배, 껌	커피, 와인	수제 초콜릿

자료: World Bank, 이베스트투자증권 리서치센터

1970년대: 대형백화점의 태동

도시가 팽창하고 이에 따라 인구가 증가하면, 대형상업시설들이 나타나기 시작한다. 한국의 1970년대 1인당 국민소득은 288달러에 불과했으나, 새마을 운동과 경제개발 5개년 계획으로 중화학 공업이 육성되었다. 이에 경제는 단기간에 빠르게 성장하면서 소득 수준이 상승했다. 그리하여 한국에 현대와 같은 모습의 대형백화점이 본격적으로 나타나기 시작했던 것은 1970년대부터다. 놀랍게도 그리 길지 않은 역사다. 당시 미도파백화점, 코스모스 백화점, 새로나백화점 등 지금은 사라진 백화점들이 문을 열었고, 명동을 대표하는 백화점이라 볼 수 있는 롯데백화점 본점이 소공동에 오픈한 것도 이때다. 1979년 롯데백화점 본점은 롯데쇼핑센터로 개점하며 영업을 시작했는데, 당시 신세계, 롯데, 미도파의 3강 구도로 이른바 '명동 트라이앵글' 상권을 형성했다. 다만 요즘의 깔끔한 매장과 달리, 1970년대 백화점 내부는 흡사 종합상가와 같이 복잡한 구성이었다. 당시만 해도 백화점은 부유층의 전유물이었지만, 빠른 성장을 기반으로 1975년에는 미도파백화점이 상장하기도 했다. 1974년 미도파백화점의 백화점 부문 연간 매출액은 68.3억원으로, 전년 대비 283.7% 성장하며 지금은 찾아볼 수 없는 높은 성장률을 자랑했다.

"도시가 팽창하고 소득 수준이 올라오자, 백화점이 등장했다!"

1980년대에는 기차역 민자역사를 기반으로 한 백화점들이 출점을 시작했다. 민자역사는 민간 지본을 유치해 만든 기차역인데, 이는 기차역을 개발해야 하는 정부와 일정 수준의 트래픽이 필요한 백화점업체들이 서로 윈윈할 수 있는 형태였다. 1986년 설립된 서울 영등포역 롯데역사나(1991년 롯데백화점 오픈), 1988년 설립된 서울역 민자역사(1989년 한화갤러리아백화점 오픈) 등이 대표적이다. 1980년대 중반에 이와 더불어 나타난 형태는 흥미롭게도 아파트 개발과 함께 건설업체들이 개점한 백화점들이다. 특히 아파트가 주로 개발되었던 강남 지역의 백화점 출점이 활발했다. 명품 백화점을 대표하는 현대백화점 압구정 본점이 압구정 현대아파트 개발과 함께 문을 연 것도 1985년이다.

또한 1980년대는 소득 수준의 증가와 함께 올림픽 개최 등으로 지방에도 백화점들이 생겨났다. 1970년 258달러였던 1인당 국민소득은 1978년 1,464달러로 급증했다. 이에 따라 중산층들이 등장했고, 백화점이 대중화되기 시작했다. 특히 올림픽 직후인 1989년 1인당 국민소득은 5,801달러에 달했다. 이 시기에 오픈했던 지방 백화점에는 대구백화점, 동아백화점, 동양백화점, 전주코아백화점, 유나백화점, 인천희망백화점, 태화쇼핑 등이 있었으며, 특히 대구에서 동아백화점을 운영하던 화성산업은 프랑스의 쁘랭땅과 프랜차이즈 계약을 맺고 서울에 쁘랭땅백화점을 출점하기도 했다.

1990년대~2000년대 초: 대형마트의 탄생과 부상

1990년대부터는 대형마트가 새로운 주도 채널로 떠올랐다. 1993년 국내 1호 대형마트 이마트 창동점이 서울 도봉구에 오픈하면서 대형마트의 호황기가 시작됐다. 1995년 한국은 국민소득 1만 달러를 달성했는데, 때마침 1996년 유통 시장이 전면 개방되면서 까르푸, 월마트 등 글로벌 유통업체들이 한국 진출을 가속화했다. 이어 1998년 IMF 외환 위기는 아이러니하게 대형마트의 위치를 공고히 해주었다. 소비를 긴축하고자 하는 소비자들의 수요를 저렴한 가격을 무기로 대형마트가 흡수할 수 있었기 때문이다. 이에 1999년 IMF 외환 위기에도 불구하고 할인점 매출액은 전년 대비 52%나 증가한 8조 원을 기록해, 경기 침체에도 놀라운 성장률을 자랑했다. 당시 대형마트는 장보기라는 활동을 가족 단위의 여가활동으로 만들었고, 풍부한 출점 여력을 바탕으로 꾸준히 성장하였다.

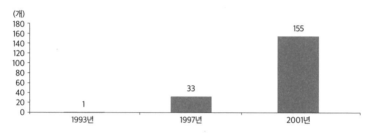

▶ 1993년 1개였던 대형마트는 4년 만에 33개로 급증

자료: 한국체인스토어협회, 이베스트투자증권 리서치센터

한편 IMF 외환 위기로 1980년대 출점되었던 중소 규모의 지방 백화점들은 도산하기 시작했다. 이를 자금력이 상대적으로 풍부한 대기업들이 흡수하기 시작했는데, 이것이 지금의 롯데백화점, 현대백화점, 신세계백화점 등 톱(Top) 3의 구도로 재편되는 계기가 되었다.

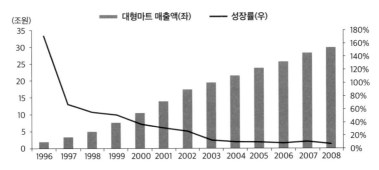

▶ 대형마트 연도별 매출액 추이

자료: 이베스트투자증권 리서치센터

"등장 10년 만에 백화점을 앞지른 대형마트!"

2002년 가계 신용카드 대출 부실 사태 이후로 백화점 성장률은 둔화하기 시작해, 2002년 4분기 백화점 매출 성장률은 -4.9%를 기록하며 마이너스 성장률로 접어들었다. 이에 대형마트가 등장한 지 10년이 되는 2003년에는, 대형마트가 백화점 매출액을 앞지르게 된다. 출점도 폭발적이었다. 1993년 1개였던 대형마트는 2003년 254개까지 늘어났다. 2005년 할인점의 시장 규모는 24조 원에 달했고, 10년간 연평균 성장률은 42.5%으로 높은 수준을 유지했다. 그리하여 전체 소매시장 내에서 대형마트가 차지하는 비중은 2000년 6%에서 2005년 16%로 급상승하게 됐다.

가히 대형마트의 전성기였다.

▶ 2003년부터 백화점을 넘어선 대형마트

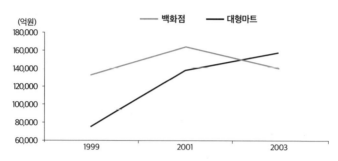

자료: KOSIS, 이베스트투자증권 리서치센터

2000년대 중반: 시장 재편의 시작

1996년 유통 시장이 전면 개방된 이후 10년이 흐른 2006년부터는 시장이 성숙하면서 업체들이 재편되기 시작했다. 2006년에 5월과 9월, 월마트와 까르푸가 나란히 한국 철수를 선언했다. 이때 신세계(당시 이마트, 신세계 분할 전)가 월마트코리아 지분 100%를 8,250억 원에 인수하면서 16개 월마트 매장을 흡수했다. 이어서 9월에는 까르푸 매장들을 이랜드그룹이 인수해 홈에버 매장으로 운영을 시작했다. 산업통상자원부의 1999년 외국인 투자 기업 현황에 따르면, 한국 까르푸의 투자 금액은 9억 2,500만 달러로 1위를 기록했으나, 경쟁 심화와 현지화 실패로 시장에서 퇴장하게 된다. 이후 홈에버는 대형마트 내 패션 부문을 강화하는 전략을 펼치다 성공하지 못했고, 2008년에는 결국 홈플러스가 홈에버를 인수하게 된다. 이로써 이마트, 롯데마트, 홈플러스의 대형마트 3사 과점 구도가 형성된다.

동시에 2006년은 대형마트 매출 성장률이 8%를 기록하면서, 처음으로 성장률이 한 자릿수대로 떨어졌던 해였다. 시장이 성숙해지며 성장이 정체되기 시작한 것이다. 점포수 증가율도 2000년에는 40.5%였던 것이 2007년에는 6.7%까지 하락했다. 이에 국내 시장 외의 성장 동력을 확보하기 위해, 대형마트 업체들이 2000년대 중후반부터는 해외 진출을 가속화하는 움직임을 보였다. 1997년 이마트가 처음으로 중국 시장에 진출하였다. 이후 2004년 중국이 유통 시장을 개방했기 때문에 이마트는 2006년부터 출점에 속도를 내기 시작한다. 롯데마트도 2007년 12월 중국에 진출한 네덜란드계 대형마트 마크로 점포 8개를 인수하면서 점포를 확장해나갔다.

2010년대: 오프라인은 성숙기, 꽃피우는 온라인

2011년은 대형마트가 산업적으로 성숙해지면서 더불어 각종 규제를 적용받기 시작한 해다. 골목상권과의 상생을 위해 유통산업발전법이 개정되며 신규 출점 규제와 대형마트 영업시간 및 의무휴업일 규제가 시작되었다. 이에 출점을 통한 성장 여력 확대도 어려워졌고, 기존 영업일수도 줄어들었기 때문에 기존 점포들의 성장도 꾀하기 어려워져 매출 둔화가 나타나기 시작했다. 더불어 해외로 진출했던 점포들은 적자를 이어가, 기존 사업을 메꾸기에도 역부족이었다.

국민소득 또한 2만 달러에서 3만 달러를 향해 가면서 합리적 소비, 양극화 소비 패턴이 등장했다. 이에 백화점에 입점한 중가 브랜드들의 매출 둔화가 나타난다. 이러한 구조적 어려움 때문에 온라인 쇼핑은 저렴하고 다양한 상품, 편리한 접근성 등을 강점으로 삼아 공격을 가속화할 수 있었다. 이때 출점을 늘려가면서 확장할 수 있었던 오프라인 업태는 편의점이다.

한국에 편의점이 처음 등장한 것은 1982년이다. 미국에서 시작된 편의점이라는 업태가 일본을 거점으로 동아시아에 퍼지던 과정에서였다. 롯데쇼핑이 서울 중구 신당동에 개점한 '롯데세븐'이 우리나라 최초의 편의점으로, 당시 우리 국민의 소득 수준이 낮은 탓에 정가에 파는 편의점에 대해 소비자들의 저항감이 컸고 결과적으로 실패했다. 이후 다시 등장한 시기가 1989년으로, 세븐일레븐이 서울 송파구에 올림픽 선수촌점을 열면서 편의점 시대가 열렸다. 이후 편의점 점포수는 폭발적으로 성장했고, 등장한 지 5년 만에 1,000호점을 돌파했다. 이는 일본보다도 빠른 속도였다.

▶ 한국 편의점 시장 성장 과정

자료: 이베스트투자증권 리서치센터

"편의점, 데뷔한 지 5년 만에 1,000호점을 돌파하다!"

2014년 말 기준 국내 편의점 점포수는 26,109개까지 증가했으며, 2004년부터 10년 동안 매출 성장률은 평균 12.1%로 국내 오프라인 유통 채널 중 가장 높은 수치를 기록했다. 이는 1인가구가 확대되고 근거리 소비가 활성화됨에 따라 편의점에 대한 수요가 증가했기 때문이다. 이에 따라 전체 소매판매액에서 편의점 매출액이 차지하는 비중도 2010년 2.5%에서 2014년 3.5%까지 증가했다. 2014년 5월에는 CU를 운영하는 BGF리테일이 상장하면서, 편의점 주식들에 대한 관심이 높아졌다. 김혜자 도시락, 백종원 도시락 등이 히트상품으로 등장하며 즉석식품 매출액 성장률이 가팔라졌고, 이는 온라인 쇼핑 업체들의 공격을 받는 가운데도 편의점의 유리한 부분으로 강조되었다.

2010년부터는 오프라인 유통업체가 다루는 상품들이 대부분 온라인 유통의 침투에 따라 가격 측면에서 불리해지는 경우가 많았다. 오프라인 업체들은 온라인 대비 가격을 낮추는 차별화가 어려운데, 그 이유는 점포를 운영하는 데 지출되는 고정비가 기본적으로 더 많이 필요하기 때문이다. 편의점은 이러한 경쟁에서 빗겨나 있었는데, 편의점 매출을 구성하는 품목의 70% 정도가 당시 온라인상에서 판매가 안 되거나 온라인에서 판매할 필요가 없는 상품들이었다. 담배가 대표적이다. 한국 편의점의 담배 매출액 평균 비중은 40%로 가장 비중이 큰 품목이다. 담배와 주류, 비중은 작지만 일반 상비약 등은 온라인 구매가 불가하다. 또한 도시락을 비롯한 프레시 푸드, 삼각김밥, 즉석식품 등은 바로 취식하는 것이 중요한 상품이므로 온라인 구매의 이점이 딱히 없다. 이러한 상품군의 매출액 비중이 높았기 때문에, 편의점은 온라인 업체와의 경쟁에서 유리한 부분이 있었다.

또한 2014년부터는 중국인 관광객의 증가와 함께 면세점 산업이 활황을 보였을 때다. K-뷰티 붐, 한류 트렌드와 맞물려 화장품업체들의 면세점 매출액이 급격하게 증가했고, 소위 황금알을 낳는 거위로 불리면서 여러 기업들이 너도나도 면세점 특허권을 받기 위해 뛰어들었다. 2014년 면세점의 외국인 매출액은 54.5억 달러를 기록하면서 전년 대비 40% 가까이 증가했고, 2015년과 2016년은 메르스, 사드 배치 때문에 관광객 증가가 주춤했지만 2017년에는 면세점 외국인 매출액이 94.3억 달러에 달하는 등 꾸준히 성장해왔다.

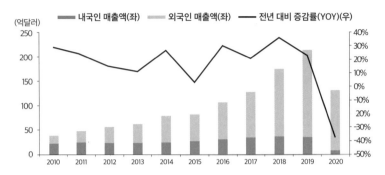

▶ 면세점 연도별 매출액 추이

(억달러) ━ 내국인 매출액(좌) ━ 외국인 매출액(좌) ━ 전년 대비 증감률(YOY)(우)

자료: 한국면세점협회, 이베스트투자증권 리서치센터

한편 여러 업체들이 특허권을 반납하기도 했는데, 면세점업
에 진출하는 업체들이 많아지면서 경쟁이 치열해졌기 때문이다.
면세점은 직매입 구조로 상품을 소싱하는 까닭에 매입 규모도
수익성에 중요한 역할을 하고, 재고 관리 또한 까다로운 사업이
다. 또한 외국인 관광객들을 유치하기 위해 여행사에 지불하는
송객 수수료 경쟁도 계속 과열되었다. 특히 코로나19로 인해 한
번 더 불리한 영업 환경을 맞게 되면서, 중견 면세업체들이 면세
점 특허권을 또다시 반납하기도 했다. 2019년 4월 한화갤러리아
와 10월 두산 등 대기업이 특허권을 반납했고, 중견 면세점업체
인 에스엠 면세점 또한 2020년 3월 시내면세점 특허권을 반납했
다. 코로나19로 인해 입국자수가 제한되면서 시내면세점 매출액

의 80~90% 정도가 보따리상에 대한 매출로 이루어지고 있는 상태다.

"코로나19, 치열한 경쟁으로 업체들이 면세점 특허권을 반납하다!"

애널리스트가 쉽게 풀어주는 업태별 용어 정의!

백화점

유통산업발전법에 의하면 백화점은 3,000제곱미터 이상의 매장 면적을 가지고 고객이 다양한 상품을 구매할 수 있도록 하는 현대적 판매시설을 가리킨다. 한국의 대표적인 상장업체로는 롯데쇼핑, 현대백화점, 신세계가 있으며 2020년 말 기준 롯데백화점 31개(아울렛 제외), 현대백화점 15개, 신세계 11개점을 운영하고 있다. 2020년 매출액 1위 점포는 신세계 강남점 2조 394억 원, 롯데백화점 본점 1조 4,768억 원, 롯데백화점 잠실점 1조 4,725억 원, 신세계 센텀시티점 1조 2,323억 원, 현대백화점 판교점 1조 74억 원 등이다.

대형마트

유통산업발전법상 대형마트는 3,000제곱미터 이상의 면적을 가지고 식품, 가전 및 생활용품을 중심으로 점원의 도움 없이 소비자에게 소매하는 점포의 집단을 뜻한다. 2012년부터 영업시간 및 의무 휴업일 규제를 적용받고 있다. 대표적인 상장업체로는 롯데쇼핑, 이마트가 있으며 2020년 말 기준 롯데마트 113개, 이마트 160개점을 운영하고 있다. 홈플러스는 140개 점포를 운영하고 있으나 비상장업체다. 홈플러스는 영국의 테스코가 2015년 7조 2,000억 원에 사모펀드 MBK컨소시엄에게 매각했으며, 이후 사모펀드가 운영 중이다.

SSM(Super Supermarket)

체인으로 운영되는 기업형 슈퍼마켓, 대형 슈퍼마켓이다. 슈퍼마켓이면서 규모가 대형이라 슈퍼-슈퍼마켓으로 칭하고 있고 그래서 SSM이라 불린다. 개인이 운영하고 있는 슈퍼마켓 매장과 규모 차이가 있는 것이 특징이다. 롯데쇼핑의 롯데슈퍼, 이마트의 이마트에브리데이, GS리테일의 GS슈퍼마켓이 각각 2020년 기준 453개, 238개, 320개 점포를 운영하고 있다. 홈플러스도 홈플러스익스프레스 342개점을 운영하고 있다.

편의점

편의점은 고객에게 편의를 제공하는 것을 목적으로 하는 소형 소매점이다. 편의를 위하다 보니 보통 24시간, 연중 무휴로 영업한다. 2019년 말 전국에 40,672개 점포가 있으며, 2020년 기준으로는 상장사 중 GS리테일의 GS25가 약 15,000개, BGF리테일의 CU가 14,923개, 이마트의 이마트24가 5,169개 점포를 운영하고 있다. 최근에는 출점 경쟁이 심화하면서 각 편의점업체들이 출점 수를 구체적으로 공개하지 않는 추세다. 1982년 11월 한국 최초의 편의점 롯데세븐 1호점이 개점했지만, 롯데쇼핑에 속해 있던 코리아세븐 사업부는 롯데지주 설립과 함께 지주 쪽으로 이관되어 롯데쇼핑은 현재 편의점 사업부가 없다.

홈쇼핑

홈쇼핑은 인쇄 매체나 통신 및 방송 매체를 통해 상품 정보를 얻고, 우편이나 통신 및 방송 네트워크를 통해 물건을 구매하게 하는 업태다. 방송통신위원회의 심의를 받는 사업이며, 과거에는 카탈로그를 통한 구매도 홈쇼핑 업체들이 운영하였으나 규모는 전체 실적에서 미미한 수준으로 줄어든 상태다. 상장사로는 현대홈쇼핑, NS쇼핑이 있다. 2021년 7월 GS홈쇼핑은 GS리테일에 합병될 예정이고, CJ오쇼핑 또한 CJ ENM의 커머스 부문으로 2018년 합병되었다. 이에 상장 홈쇼핑 업체는 현대홈쇼핑과 NS쇼핑만 남을 예정이다. 한국의 홈쇼핑 업체들은 해외 직진출이나 현지 합작을 통한 해외 진출을 진행했으나 다른 국가에서 한국만큼의 큰 성과를 거두지는 못했다.

면세점

면세점은 외국으로 반출하거나 관세의 면제를 받을 수 있는 자가 사용할 것을 조건으로 해외로 출국하는 내/외국인에게 관세 및 내국세 등 과세가 면제된 상품을 판매하는 장소다. 이에 면세점은 관세청의 특허를 받아야 영위할 수 있는 사업이다. 특허 기간은 5년이다. 상장사 중에서는 호텔신라가 신라면세점을 운영하고 있으며, 현대백화점의 현대백화점DF, 신세계의 신세계 DF가 면세점 사업을 영위하고 있다. 롯데면세점은 호텔롯데가 운영하고 있으며, 호텔롯데는 2016년 상장을 추진하다 철회한 적이 있다. 과거 SK네트웍스의 워커힐면세점, 한화갤러리아타임월드가 면세점 사업을 영위했으나 각각 특허권 만료 및 자진 반납으로 사업을 중단했다.

카테고리 킬러(Category Killer)

카테고리 킬러란 특정 카테고리를 중심으로 풍부하게 구색되고 분류된 제품들을 전문적으로 다루는 업태다. 전문점, 전문 양판점 등으로 불리기도 한다. 다양한 상품군을 포괄적으로 다루고 있는 백화점과 대형마트와는 달리, 신발만 다루는 ABC마트, 장난감만 다루는 토이저러스, 전자제품 중심의 롯데하이마트나 일렉트로마트, 가구만 파는 이케아, 생활용품 위주의 노브랜드, 다이소 등을 예로 들 수 있다.

03

오프라인에서 온라인으로, 방향의 축 대전환!

온라인 쇼핑 강국 대표주자,
대한민국 최초의 온라인 쇼핑몰은?

한국 최초의 온라인 쇼핑몰은 1996년 6월 1일 오픈한 인터파크다. 당시 LG데이콤의 사내 벤처로 설립된 쇼핑몰로, 이름은 '인터넷 테마파크'의 줄임말에서 비롯되었다. 공교롭게도 오픈하던 날 일본과 월드컵 공동개최가 확정되어 한국 최초 인터넷 쇼핑몰의 론칭은 몇몇 언론사들의 신문 한편에서만 기사를 찾아

볼 수 있었다. 쿠팡이 현재 미국 증권시장에서 100조 원의 기업 가치를 인정받으며 현대차에 버금가는 수준이 된 것을 감안하면, 지금과는 매우 다른 모습이다.

당시 입점사는 풀무원, 코리아나 화장품, 엘문도 여행사, 도미노피자, 한국생화통신(꽃배달), LG카드 홈쇼핑, 동서식품, 한국 홈쇼핑 등이었고, 향후 자동차 용품과 전자제품, 음반, 서적 등으로 확대될 것이라는 내용이 기사에 실렸다. 이와 더불어 LG데이콤은 그동안 "인터넷 홈쇼핑" 서비스는 음반이나 서적 등 일부 품목에서만 이루어졌지만, 카드사와 배송업체가 연계하여 시작한 쇼핑몰은 처음이라 덧붙이기도 했다. 당시 주문은 회원 가입 후, 대금 결제에 필요한 신용카드 번호와 비밀번호를 인터파크에 전화로 알려주는 방식으로 이루어졌다. 이처럼 1994년 인터넷 상용 서비스가 개시되고, 1998년에는 초고속인터넷 서비스가 도입되면서 온라인 쇼핑 또한 성장을 위한 발판을 마련했다.

"우리가 1초 티켓팅 때 자주 이용하는 인터파크가
한국 최초의 온라인 쇼핑몰이다!"

흥미롭게도 롯데쇼핑의 롯데인터넷백화점이 같은 날 문을

열었다. 사이트 주소는 아주 정직하게도 internet.shopping.co.kr
이었다. 오픈 이후 1996년 하반기 동안 두 업체의 합산 매출액은
2억 7,900만 원으로, 1인당 평균 인터넷 쇼핑 금액은 20,770원에
불과했다. 이후 1996년 12월에는 현대정보기술과 삼보컴퓨터 등
25개 기업이 컨소시엄을 구성하여 론칭한 메타랜드가 오픈했으
며, 1997년 7월 신세계백화점의 신세계몰, 9월 LG유통의 트윈피
아 등이 쇼핑몰을 개설했다. 1997년 한 해 동안 60여 개의 인터
넷 쇼핑 업체가 등장했고 1998년 상반기 100여 곳에서 1999년 1
월에는 400개로 급증했다. 1998년에는 지금까지도 오픈마켓으
로 운영되고 있는 옥션이 인터넷 경매 서비스를 제공하며 사업
을 시작했고, 1999년에는 G마켓이 인터파크의 자회사로 설립되
었다.

당시 대한상공회의소의 조사에 따르면, 국내 인터넷 쇼핑몰
들의 대부분이 적자였고, 전체 쇼핑몰 가운데 흑자를 내고 있는
곳은 6.4%에 불과했다. 특히 90년대에는 전자 지급 결제가 활성
화하지 않아, 한국은행에 따르면 계좌이체와 신용카드 결제방식
이 약 6:4 수준으로 나타났다. 전자지갑 방식으로 신용카드나 송
금을 통해 금액을 충전한 후 사용하는 선불형 전자화폐로도 결
제가 일어났으며, 실제로 1990년 인터넷 리서치 업체 CSNet가

네티즌들을 대상으로 한 설문조사에서 향후 전자화폐가 온라인 쇼핑에서 가장 보편적인 결제 수단이 될 것으로 꼽히기도 했다.

90년대 인터넷 쇼핑의 배송 소요시간도 3~4일이 평균적이었다. 대한상공회의소에서 발행된 <21C 유통혁명 사이버 쇼핑몰 실태분석>에 따르면, 조사 대상 인터넷 쇼핑몰 업체들의 51.5%가 주문에서 배송까지 소요되는 시간을 3~4일이라고 밝혔고, 1일이 소요된다고 하는 업체 또한 낮은 비중이지만 있었다. 전체 응답업체 가운데 배송 방법으로 퀵서비스를 이용하는 업체들이 적지 않은 수준(26.6%)으로 있었기 때문에, 1일 소요는 소규모 업체들이 퀵서비스를 이용한 것으로 추정된다.

▶ 1999년 인터넷 쇼핑 주문에서 배송까지 소요시간: 3~4일이 평균적

	종합쇼핑몰		전문몰	전체
	통합몰	단위몰		
1일	0.0%	9.5%	11.9%	10.2%
2일	20.7%	9.5%	25.4%	23.4%
3~4일	62.1%	52.4%	49.7%	51.5%
5~6일	17.2%	28.6%	7.6%	10.6%
7일 이상	0.0%	0.0%	5.4%	4.3%

자료: 대한상공회의소, 이베스트투자증권 리서치센터
응답업체 수: 235개

1번 타자 책과 컴퓨터의 등장,
그리고 커뮤니티의 원조 디시인사이드의 탄생!

온라인 쇼핑이 태동하고 발전하던 초기 시기에는 서적과 전자기기(특히 컴퓨터), 음반 등이 가장 인기있는 품목이었다. 통상 온라인 쇼핑이 침투하는 과정을 보면, 도서, 음반으로부터 시작한다. 왜 그럴까? 판매자 입장에서는 상품이 정형화되어 있어 팔기 용이하고, 구매자 입장에서는 책이나 음반의 경우 내용과 품질이 다 동일하기 때문에 온라인으로 구매해도 리스크가 가장 작은 상품이기 때문이다. 도서와 음반은 국제표준도서번호 ISBN으로 구분할 수 있는 구분자가 명확히 있으며, 같은 책과 음반이라면 모두 내용이 동일하다. 또한 오래 보관해도 물품의 변질이 덜하기 때문에 판매자 입장에서 판매하기 편리한 상품들이다. 실제로 정보통신정책연구원의 2000년 5월 전자상거래 실태 조사에 따르면, 전체 응답자 중 42%가 최근 6개월 동안 온라인으로 서적을 구매한 경험이 있었다.

인터넷 쇼핑이 태동하던 시기인 1997년 종로서적을 시작으로 영풍문고와 교보문고도 인터넷 서점을 열었고, 1998년에는 온라인 전용 서점인 예스24, 1999년에는 알라딘이 사업을 시작했다. 이러한 영향으로 1997년 이후 소형 오프라인 서점 위주로 폐점이 일어났는데, 1997년 전국에 5,170개점이 있었던 것이 지속적으로 줄어 2000년 8월에는 3,283개까지 36.5% 감소했다.

출판통계에 따르면 2001년 한 해 동안 신간도서는 34,000종이었던 만큼, 오프라인 대비 상품 진열에 제약이 없는 온라인 쇼핑 업체들은 도서 판매에서 우위에 있을 수 있는 환경이 갖춰져 있었다. 오프라인 서점은 공간에 제약이 있지만, 온라인 서점은 훨씬 더 많은 수의 서적을 진열할 수 있기 때문이다. 더불어 온라인 쇼핑 초기 단계에서는 충분하고 다양한 상품 구색이 필요한데, 꾸준하게 발간되는 신간은 풍부한 구색을 갖추도록 해주는 배경으로 작용했다.

> *"오프라인 서점보다 훨씬 더 많이 진열할 수 있는*
> *온라인 서점이 탄생하다!"*

온라인 쇼핑의 침투가 전자기기로 확산되기 시작한 2000년은 필름과 카메라 업체인 코닥의 사세가 기울기 시작한 해였다. 디지털 카메라가 폭발적인 인기를 얻기 시작한 때였기 때문이다. 필름 카메라는 촬영 후 인화해야만 확인할 수 있었고, 필름도 36

장까지만 촬영이 가능하다는 한계가 있었다. 반면 디지털 카메라는 촬영 후 바로 사진을 볼 수 있고 삭제하는 것도 자유로웠으며, 파일로 공유하기도 쉽다는 점에서 인기를 끌었다. LG경제연구원에 따르면 2000년 11만 대에 불과했던 국내 디지털 카메라 판매량은 2001년에 25만 대로 급증했고, 2002년에는 40만 대, 2003년 85만 대로 폭발적 성장을 이뤘다. 이러한 추세와 초고속 인터넷이 보급되는 환경이 맞물려 디시인사이드 등의 사이트가 생겨났고, 디지털 카메라로 촬영한 사진들이나 사용기 등 정보를 공유하는 사이트들이 활성화되기 시작했다. 특히 촬영한 사진을 올리던 갤러리가 인기를 끌었고, 이것이 지금은 각 분야별로 관심사를 공유하는 디시인사이드의 '갤러리'가 형성된 배경이 됐다.

초고속 인터넷 + 핫한 최신 기기를 팔로우업하는 얼리 어답터들은 전자기기에 관심이 많을 수밖에 없고, 그러다 보니 꾸준히 정보들이 교환되었다. 이에 전자제품 구매 관련 정보를 공유하는 사이트들이 인기를 얻기 시작했다. 더불어 전자제품은 1)모델별로 정형화되어 있고 2)각 품목별로 수십 개에서 100여 개에 달하는 모델이 있으며 3)꾸준히 신제품이 나오는 부문이기 때문에 책과 더불어 판매자와 구매자의 온라인 쇼핑에서의 니즈가 상호 부합했다. 이에 따라 책 다음으로 온라인 쇼핑 시프트가 나타났던 부문이 전자기기였다.

"2번째 온라인 시프트 주자로 선택받은 품목은 바로 전자기기다!"

이처럼 온라인 쇼핑은 가장 거래가 쉬운 것으로부터 시작되었고, 점차 어렵고 복잡한 것으로 확대되는 양상이다. 이는 아마존의 사업이 확대되는 과정에서도 찾아볼 수 있다. 아마존은 1995년 회사 설립 당시 도서를 첫번째 사업품목으로 택했고, 그후 1997년부터 DVD, CD, 컴퓨터 소프트웨어, 전자제품, 의류, 가구, 음식 등으로 상품 구색을 다양화했다. 마찬가지로 한국의 소비재별 온라인 소비 비중도 책과 문구 등이 가장 높고, 이어서 전자제품과 의류 및 잡화 등 순으로 이어져왔다.

효리 누나, 왜 거기서 나와?
톱스타 마케팅을 적극 활용한 G마켓

2000년대 중반 이전까지 한국 이커머스 시장은 초기 단계로서, 책과 음반, 전자제품 위주의 품목으로 구성되어 있었으나 G마켓이 등장한 뒤 전개한 마케팅 덕에 전체 이커머스 시장의 소비가 의류 및 패션 카테고리로 확장하기 시작했다. G마켓은 1999년 인터파크의 사내 벤처인 구스닥 팀으로 설립되었으며, 사명은 코스닥이나 나스닥처럼 상품을 주식처럼 사고파는 거래소라는 뜻의 Goodsdaq에서 비롯되었다. 당시만 해도 직접 입어보지도 않고 어떻게 옷을 살 수 있냐는 생각들이 팽배했다. 그럼에도 G마켓은 패션 위주의 포지셔닝을 하려 노력하고 있었는데, 2005년 7월에 이효리 스타샵을 오픈하면서 G마켓이 원하는 포지셔닝을 굳히고, 쇼핑몰 인지도를 높이게 되는 계기로 활용했다. 스타샵은 합리적인 가격에 스타들이 입은 패션 제품을 구매할 수 있다는 점을 내세웠고, 이효리가 스타샵에서 착용한 의류, 액세서리, 모자 등이 인기를 끌었다.

이에 2005년 G마켓의 거래액은 2004년 2,200억 원 대비 5배나 증가한 1조 800억 원을 돌파하였고, 이는 월평균 성장률 14%, 분기 평균 성장률은 47%로 업계 최고 기록이었다. 이에 시장 점유율도 2004년 4.8%에서 단번에 14.4%로 올라섰다(2005년 말 기준). 옷이나 신발을 입어보지도 않고 구매할 수 없다는 소비자들의 심리적 장벽을 스타 마케팅을 통해 허물었던 것이다. 당시 이효리 스타샵에서 판매되던 2만 원짜리 크롭팬츠는 단일 상품으로 론칭 한 달 동안 1억 원의 매출액을 올렸다. 이후 스타샵이 인기를 끌자 이효리에 이어 오윤아, 전진, 이민우, 한고은 등 스타들을 모델로 삼아 의류 및 패션 상품들을 판매했다.

이는 큰 의미가 있었는데, 의류와 패션제품의 온라인 쇼핑 침투가 시작되었다는 점과, 이를 통해 당시 업계 1위였던 옥션을 G마켓이 앞서기 시작했다는 점에서다. 삼성경제연구소가 2006년 발간한 보고서 <온라인 유통시장이 진화한다>에 따르면 "2004년 온라인 유통에서 전년 대비 가장 큰 매출 신장률을 보인 품목은 건강과 미용용품(58%)이며, 의류도 상당히 높은 성장률(24%)"을 보였다.

"G마켓, 쿠팡보다 먼저 상장했던 걸 아시나요?"

2005년 4분기부터 G마켓은 거래액에서 옥션을 앞서기 시작했는데, 패션 위주의 확장 외에 G마켓이 급격하게 성장할 수 있었던 또 다른 이유는 수수료의 폐지다. 당시 옥션을 포함한 기존 오픈마켓의 경우, 판매자는 등록 수수료, 판매 수수료, 신용카드 수수료, 부가 수수료 등 4종의 수수료를 지불했지만, G마켓에서는 판매 수수료를 제외한 기타 수수료를 지불할 필요가 없었다. 판매 수수료도 최저로 낮췄다. 이 때문에 많은 판매자가 유입되었고, 수수료 부담이 적어지다 보니 판매자는 더욱 가격 경쟁력을 확보할 수 있게 되는 이점이 있었다. 이에 더 많은 소비자들이 G마켓을 선택하게 되었고, G마켓으로 많은 소비자가 몰리다 보니 더 많은 판매 무대를 원하는 판매자들이 꾸준히 입점하는 선순환 모델을 구축할 수 있었다.

사실 돌이켜보면 옥션과 G마켓 두 업체 모두 인터넷 경매로 사업을 시작했다. 판매자가 상품을 올리면, 구매자들이 경매 형식으로 가격을 제시해 최종 낙찰되었을 때 거래가 완료되는 식이었다. 다만 경매방식 이커머스가 한계에 부딪히고 수익성 약화로 이어지기 전에, G마켓은 마켓플레이스 업체로 방향을 전환했다는 것이 주목할 점이다.

이러한 성장을 기반으로 G마켓은 미국 나스닥 증시에 상장되었는데, 이는 국내 온라인 쇼핑 업체 사상 최초였다. 쿠팡이 2021년에 해낸 일을 이미 15년 전에 G마켓이 이뤘던 것이다. 2006년 6월, G마켓은 나스닥 상장을 통해 1억 3,907만 달러를 조달했다. 상장 당시 시가총액은 7억 5,000만 달러였다. 상장 전 홍콩, 싱가폴, 런던 및 미국 9개 도시에서 로드쇼를 진행했는데,

당시 투자 희망금액은 3조 원 가까이로 총 공모액의 20배를 상회할 정도의 큰 관심을 받았다.

온라인 패션 구매가 자연스러워지면서, 1세대 인플루언서를 기반으로 한 쇼핑몰 또한 등장하기 시작했다. 당시 커뮤니티 사이트였던 프리챌이 유료화를 선언하면서, 무료 사이트인 싸이월드로 트래픽이 이동하기 시작했다. 더불어 이때는 웹캠, 디지털 카메라의 보급과 맞물려 얼짱이라는 문화가 꽃을 피운 시대였다. 지금 우리가 스마트폰으로 하루에도 몇장씩 찍어내는 사진들을 인스타그램 같은 SNS가 게시 가능한 플랫폼으로 흡수해주듯, 디지털 카메라 콘텐츠는 싸이월드와 같은 SNS들이 받아냈다. 이를 통해 탄생한 인터넷 유명인들이 본인의 싸이월드 미니홈피를 통해 상품을 판매하기도 했고, 메이크샵, 카페24, 고도몰(현 NHN고도) 등과 같은 쇼핑몰 솔루션이 등장하면서 단독 쇼핑몰이 생겨났다.

"싸이월드를 통한 1세대 인플루언서가 등장하다!"

대표적 사례가 스타일난다다. 스타일난다는 2018년 글로벌 소비재업체 로레알이 지분 70%를 4,000억 원이라는 가격에 사

들인 것으로 잘 알려져 있는 온라인 패션/화장품 쇼핑몰 업체
다. 창업자 김소희 대표는 동대문 시장에서 산 베이지색 트위드
자켓에 대해 주위 반응이 좋은 것을 보고, 혹시나 하는 마음으
로 옥션에 올려보게 된다. 실제로 옷이 팔리는 것을 보고 그는
2005년 스타일난다라는 단독 사이트를 만들었고, 온라인 쇼핑
시장의 성장을 함께 누리게 되었다.

▶ 스타일난다 실적 추이

자료: 스타일난다, 이베스트투자증권 리서치센터

마찬가지로 바가지머리, 난닝구닷컴, 러닝셔츠, 다홍 등의 사
이트들도 새로 생겨났고 인기를 끌었다. 다만 이들은 소비자들
이 사이트 자체를 모른다면 접근하기에 어려움이 있었고, 당시에
는 품목으로 검색도 어려웠기 때문에 사업 확장에 어느 정도 한

계가 있었다. 이러한 점이 최근 떠오르는 쇼핑몰 모음앱인 지그 재그, 브랜디, 에이블리 등이 탄생하게 되는 배경이 되었다고 판단한다.

2008년 2월에는 SK텔레콤이 11번가를 오픈한다. 후발주자다 보니 대기업 계열사라는 점을 강조하며 등장했다. 온라인 쇼핑 시장이 성장 단계라 판매자들의 사기가 많았는데, 11번가는 판매자가 위조품을 팔았을 경우 구매자에게 110%로 보상해주는 정책을 펼치는 등 대기업의 풍부한 자금력을 통해 소비자 신뢰도를 끌어올리는 차별화 전략을 택했다. 이를 기반으로 2008년 말까지 거래액 6,000억 원을 이루어 점유율 3위를 차지하겠다는 전략이었고, 2009년에는 거래액 1조 원이 타깃이었다. 이후 시장 점유율을 20% 이상으로 빠르게 늘리며 오픈마켓 시장은 이베이 코리아(옥션, 지마켓)와 11번가가 양분하는 그림으로 가게 되었다. 한편 2009년 6월에는 G마켓이 이베이에 인수되면서, 나스닥에서 상장 폐지되었다. 이후 2011년 이베이코리아의 옥션과 합병한 후 시장 점유율 1위를 지켜왔다. 뒤이어 설명할 소셜커머스가 등장하기 전까지는 말이다.

시작은 미미했으나 계속 창대해진다:
소셜커머스의 등장

2010년부터는 소셜커머스 시장이 태동하기 시작했다. 시작을 알린 업체는 그루폰, 쿠팡, 티켓몬스터, 위메프 등이었다. 이름에서도 알 수 있듯, 공동구매의 한 형태였지만 상품 외에도 서비스를 기반으로 한다는 점에서 초기 오픈마켓 시장과는 다른 양상이었다. 일정 인원이 모이면 거래가 성사되고 서비스를 저렴하게 이용할 수 있다는 측면에서 인기를 끌었고, 기존 오프라인 상점을 기반으로 하고 있으며 온라인으로 서비스를 판매하기 어려운 상인들이 입점했다. 말 그대로 O2O(Offline To Online)의 초기 형태였고, 업체들의 사명도 그를 반영한 "그룹(Group)"폰, "쿠폰"+ang, "티켓"몬스터, "We make" 프라이스 등이었다.

2009년 11월 아이폰3GS가 국내에 출시되었고, 2010년 9월에는 아이폰4가 상륙했다. 이처럼 스마트폰이 보급되기 시작하면서 화면이 PC 모니터보다 작은 모바일에 적합한 쇼핑 인터페이스가 필요했는데, 사업의 시작을 스마트폰 확산 트렌드와 함께 했던 소셜커머스들은 이에 최적화한 쇼핑 경험을 제공할 수 있었고, 빠르게 시장 점유율을 늘려나갔다. 이로 인해 2010년 120

억 원 규모였던 소셜커머스 시장은 2010~2014년 동안 연평균 360% 이상 성장해 2014년에는 5조 5,000억 원의 거래액을 기록했다.

"그루폰, 쿠팡, 티켓몬스터, 위메프가
소셜커머스 시장의 연평균 360% 성장을 주도하다!"

2011년 5월 당시 소셜커머스 업체는 220개에 달했으나 1년 뒤인 2012년 5월에는 15개로 급격하게 줄었는데, 이는 대부분 적자로 인해 시장에서 철수했기 때문이다. 이어 2013년 그루폰은 티몬의 지분을 인수했고, 다음 해 3월 한국 진출 3년 만에 그루폰코리아를 철수하기로 결정했다. 당시 업체들은 쿠팡 전지현, 티몬 수지, 위메프 이서진, 이승기 등을 모델로 세우며 공격적인 광고를 집행했고 이는 대규모 적자로 이어졌다. 이후 소셜커머스 업체들은 누적된 트래픽을 기반으로 서비스 이용권 외에도 일반 상품들도 판매하기 시작했는데, 이에 따라 소셜커머스들도 오픈마켓과 차별이 없는 플랫폼으로 거듭났다. 따라서 비슷한 상품을 이커머스 업체들 모두가 판매하게 되다 보니 가격을 낮추는 치킨게임이 지속될 수밖에 없었다.

이에 쿠팡은 2012년 배송을 차별화 포인트로 잡고 '쿠팡와우 (WoW)' 프로젝트를 계획하게 된다. 매일 아침 9시부터 신상품을 볼 수 있는 굿모닝 쿠팡 서비스, 빠른 배송 서비스, 배송 지연 또는 품절 시 보상제, 미사용 쿠폰 환불제 등의 내용이었고, 물류 센터를 구축해 향후 안정적이고 균일한 배송 서비스를 제공하겠다 밝혔다. 그리하여 2014년 2월 쿠팡은 로켓배송의 전신이 된 와우딜리버리 프로젝트를 본격적으로 시작하며 배송 차별화를 위한 행보에 박차를 가하기 시작했다. 이 프로젝트의 오픈일이었던 2014년 3월 24일까지 1개월 가까운 기간 동안 캠프(물류센터) 및 배송 직원 구축에 대해 전략이 세워졌고, 쿠팡은 대구와 대전, 울산에서 처음으로 로켓배송을 시작하게 된다. 수수료 기반의 사업 모델을 가진 다른 이커머스 업체들과는 달리, 쿠팡이 직접 상품을 매입해 배송하는 로켓배송은 당시 실험이라고 일컬어질 정도로 파격적인 행보였다. 배송을 담당하는 쿠팡맨은 700여 명 수준이었으며, '쿠팡와우배송 서비스 담당자'로 불렸다. 2014년 5월에는 캠프가 서울, 김포, 용인으로 확대되었고, 1년 동안 경기, 광주, 부산 등으로 전국 서비스를 구축하게 된다. 당시 연간으로 배송된 물량은 2,300만 개 수준이었다.

직매입 품목은 익일배송에 대한 니즈가 높은 품목 위주로 골라야 했다. 또한 매입에 대한 부담이 있으므로 재고 회전이 빨라야 했다. 그런 까닭에 온라인 쇼핑에 록인(Lock-in)될 수 있는 전업 주부들을 타깃 소비자로 삼았을 것이다. 특히 아기가 있는 전업 주부로 설정했을 공산이 크다. 아기가 있다 보니 외출이 쉽지 않지만 쇼핑해야 할 물품들은 많기 때문이다. 하루에 여러 개를 소비하면서 항상 필요한 기저귀, 또한 기저귀를 사용하면 보통 물티슈를 함께 쓰기 때문에 이 둘을 가장 주력 품목으로 잡았을 것이다. 이어 분유 등으로 확장해 품목의 다변화를 이끌었고, 이에 초기 로켓배송 품목 수는 몇백 개 수준이었으나 2019년 500만 개, 2020년에는 600만 개에 달하는 규모로 확대되었다.

2015년 5월에는 택배업체들이 쿠팡을 물류법 위반으로 고소했다. 쿠팡은 택배 사업자가 아닌데 화물자동차 운수사업 허가 없이 차량을 구비하고, 배송인력을 통해 택배 운송을 하고 있다는 이유에서였다. 결과는 쿠팡의 승리였다. 법적으로 택배는 1)타인의 물건을 2)유상으로 운송하는 행위인데, 쿠팡은 로켓배송 대상 물품을 모두 매입했으므로 이는 자기 물건이고, 로켓배송이 무료였으므로(9,800원 이상 구매 고객 대상), 무상이라는 측면에서 택배가 아니라는 판결이 났다. 그래서 쿠팡 차량은 지금까지도 사업자 번호판(노란색)이 아닌 흰색 번호판을 달고 움직인다.

이처럼 쿠팡은 국내 최초로 직접배송 및 익일배송을 도입했으며, 2021년 현재 모든 이커머스 업체들이 공들이고 있는 배송에 가장 먼저 눈을 떴던 회사라 하겠다. 쿠팡의 로켓배송으로 한국 인터넷 쇼핑에서는 배송의 상향평준화가 나타났고, 현재 가장 치열하게 경쟁이 일어나고 있는 분야도 바로 배송이다. 더불어 쿠팡이 소셜커머스라는 꼬리표를 떼고 시장을 선도하는 이기머스 업체로 발돋움하게 해주는 계기가 되었던 것도 로켓배송이라 본다.

"쿠팡의 로켓배송 시작으로 배송의 상향평준화가 이뤄지다!"

한편 네이버는 2012년 상점 중심의 온라인 판매 공간을 만들겠다는 취지로 샵N 서비스를 론칭했다. 어떻게 보면 D2C(Direct to Consumer)의 조상격이라 볼 수 있다. 그전까지 네이버는 가격 비교 서비스, 지식 쇼핑 등으로 이커머스 시장 내에서 소극적 행보를 보였으나, 오픈마켓 형태로 서비스를 론칭하기로 전략을 바꿨다. 샵N은 오픈마켓 형태의 판매 방식을 채택하지만 판매자들에게 미니샵 서비스를 제공해 상점 위주의 마케팅을 할 수 있는 공간을 마련했고, 네이버 지식쇼핑에 입점 연동이 가능한 점이 특징이었다. 이런 식의 입점 연동을 통해 판매자들이 네이버의 풍부한 트래픽을 간접적으로 이용할 수 있었기 때문이다.

다만 검색 사업자가 이커머스에 진입한다는 측면에서 경쟁자들의 반발이 있었고, 이에 네이버는 샵N 서비스를 종료하고 2014년 6월 스토어팜이라는 서비스를 내놓는다. 그전까지 샵N은 판매자들에게 8~12% 수준의 판매 수수료를 받았었는데, 스토어팜은 판매 수수료를 없앴다. 판매 수수료가 없는 대신 네이버 결제 서비스 이용료 1.7~3.8%(체크아웃 결제 수수료)와 네이버 지식쇼핑 연동 판매의 경우 노출 수수료 2%(지식쇼핑 매출연동 수수료)를 거두었고, 기존 오픈마켓에 비해서 낮은 수수료로 판매자들의 진입장벽을 낮추었다. 스토어팜은 2018년 2월부터 네이버 스마트스토어로 개편되었으며, 쇼핑몰과 블로그의 장점을 결합해 상점 중심의 마켓플레이스 형태를 유지하고 있다. 네이버는 판매 수수료를 포기했지만, 상품 정보 데이터베이스를 확충하고 더 많은 셀러를 네이버 플랫폼으로 유인함으로써 네이버페이 거래액을 늘리려는 전략을 택했다고 판단한다.

"네이버, 낮은 수수료를 무기로 이커머스 시장에 진입하다!"

유통업에 관심 있는 사람이라면
꼭 알아야 하는 용어!

이번 장에서는 앞으로 할 이야기들을 이해하기 위해 필요한 몇 가지 용어를 담았다. 유통업 내에서 흔히 쓰이지만 업계에 종사하는 이가 아니면 이해하기 어려울 수도 있는 용어들이다. 특히 유통업체들의 회계가 일반 업체들과 상이한 부분이 있기 때문에 투자를 위해 재무를 분석할 때 짚고 넘어가야 하는 부분들도 함께 체크해두었다.

거래액, 취급고, GMV, 총매출액

유통업의 회계는 일반 기업의 그것과 다르다. 유통업체들이 직접 재고를 매입해 마진을 붙여 판매하는 모델도 있지만, 브랜드에 매장을 빌려주고 매출의 일정 부분을 임대 수수료로 받는 형태는 회계 처리가 다르다. 수수료 기반 매출 형태에서는 상품 가격에 대한 수수료를 매출로 취하기 때문에, 10,000원짜리 물건을 손님이 구매했다고 해서 10,000원의 매출액이 잡히지 않는다. 실제 수수료로 취한 금액만 유통업체의 회계 매출로 인식된다. 따라서 실제 매출액과 구별짓기 위해 총매출액, 거래액(GMV,

Gross Merchandise Value)의 개념을 사용하며, 홈쇼핑의 경우는 취급고, 취급액 등으로 표기하기도 한다. 매출액과 영업이익은 공시 의무사항이지만, 총매출액은 그렇지 않다. 2004년 감독원이 백화점들의 재고부담이 없다는 이유로, 매출액을 총액 대신 순액으로 기재하도록 회계기준을 변경했기 때문이다.

인터넷 쇼핑에서 거래액(GMV)이 왜 중요할까? 각 품목마다 수수료율이 다르고, 이는 각 유통업체별로도 상이하기 때문에 다른 기준을 적용하면 매출액이 왜곡되기 때문이다. 반면 거래액을 기준으로 삼으면, 전체적인 시장 점유율을 파악하는 데 도움이 된다.

다만 거래액만 보는 것도 마찬가지로 왜곡을 일으킬 수 있다. 실제로 과거 홈쇼핑 업체들이 취급고를 부풀려 이를 기준으로 업계 1위를 점하고자 했던 사건으로 여러 논란이 있었다. 또한 금융감독원이 유통업계의 회계기준을 총액에서 순액으로 변경함에 따라 2003년의 경우 신세계가 백화점 업계 1위로 올라서면서 갈등을 빚기도 했다. 당시 신세계는 이마트와 분할되기 전이었기 때문에 할인점 비중이 높았고, 할인점은 직매입 비중이 높다 보니 수수료만 취하는 특정 매입과 달리 순매출액이 커 보이는 효과가 있었다.

집객, 트래픽(Foot Traffic)

트래픽은 본디 교통량을 뜻하는 단어지만, 유통업 내에서 점포나 온라인 업체들의 '트래픽'이라고 하면 얼마나 많은 고객이나 사용자가 있는지를 뜻한다. 집객도 비슷한 맥락에서 쓰이는 용어다. 예를 들어 3대 명품을 입점했을 때의 집객 효과가 좋다고 표현할 수 있다. 이커머스 업체들 또한 할인행사를 하거나 빠른 배송을 통해 집객을 유도할 수 있다. 집객 효과를 극대화하면 유통업체의 트래픽 또한 상승하게 된다고 볼 수 있다.

객수, 객단가

매출은 통상 객수와 객단가로 이루어진다. 객수는 고객의 수를 뜻하고, 객단가는 고객 한 명이 소비한 금액을 뜻한다. 따라서 객수에 객단가를 곱한 금액이 유통업체의 매출액이라고 볼 수 있다. 설사 매출액이 늘었다 하더라도, 그것이 객수가 늘어났기 때문인지, 아니면 객수는 줄었으나 일인당 구매금액이 늘어서인지를 파악하기 위해서 두 가지를 나눠서 보기도 한다. 이는 산업통상자원부의 주요 유통업체 매출 동향에서도 확인할 수 있다.

기존점 성장률

기존점 신장률은 동일점 신장률, SSSG, Comparable Store Sales Growth 등으로도 불린다. 기존점 성장률을 이해하기 위해서는 기존점의 뜻부터 알아야 하는데, 기존점이란 통상 오픈한 지 1년이 넘은 점포다. 오픈 경과 기준 시점은 각 업체마다 다르지만 보통 1~2년을 기준으로 한다. 기존점의 매출 신장률이 중요한 이유는 새로 문을 연 점포가 있을 경우 통상 개점 효과가 있기 때문에 경상적으로 영업했을 때의 전체 매출액 규모를 왜곡시킬 수 있기 때문이다. 한국 오프라인 점포들의 기존점 신장률은 낮은 한 자릿수 성장을 보이고 있으며, 한 자릿수 중반 또는 높은 한 자릿수의 성장률을 보이면 매우 양호하다고 본다.

판매 수수료

판매 수수료는 유통업체가 입점업체로부터 거두어들이는 수수료를 뜻한다. 일정 수수료율로 지불하기도 하고(정률 방식), 일정 금액으로 지불하기도 하는데(정액 방식), 대부분 정률 방식을 채택한다. 수수료율은 보통 품목마다 상이한데, 전자제품은 상대적으로 고가 품목이 많기 때문에 낮은 편이며, 의류에서 가장 높은 수수료를 요구한다. 이커머스 업체 기준으로 가전은 6~8% 수준이고, 의류는 12~13% 수준, 식품 12% 수준이다. 오프라인 업체들은 수수료율이 좀 더 높은데 역시 가장 높은 수수료를 받는 품목은 의류다. 흥미롭게도 명품의 입점 여부는 점포 내 집객을 도와주는 요소로 작용하기 때문에 명품업체들의 입점 수수료는 매우 낮은 편이다.

최근 무신사가 백화점에 판매 수수료율을 10% 수준으로 내려주지 않으면 입점하지 않겠다는 입장을 보여 화제가 되었는데, 이처럼 협상에서 우위에 있을수록 판매 수수료율은 낮아질 수 있다. 홈쇼핑은 쇼호스트의 강력한 푸시, 소상한 설명을 통해 단기간에 높은 매출액을 이끌어내기 때문에 수수료율이 높게 책정되어 있다. 따라서 높은 수수료율을 감당하기 힘든 소상공인은 입점이 힘들다 보니, 정부가 지원해주기 위해 생겨난 홈쇼핑업체가 공영 홈쇼핑이다.

유통업체들의 수수료 논란은 꾸준히 발생하는 이슈인 만큼, 공정거래위원회에서는 판매 수수료율 등을 포함한 유통거래 실태 조사를 단행하고 이에 따른 중소 납품업체들의 협상력을 높이기 위한 노력을 지속하고 있다.

구매전환율(Conversion Rate)

구매전환율은 인터넷 마케팅 분야에서 많이 쓰이는 용어로, 이커머스 업계에서도 자주 쓰이고 있다. 웹사이트를 방문한 사람들 중 실제로 구매로 이어지는 비율을 가리킨다. 구매전환율이 1%면 100명이 어떤 사이트를 방문 했을 때 1명이 구매했다는 뜻이다. 통상 이커머스 구매전환율은 0.3~1.0% 수준으로 알려져 있다. 최근 라이브 커머스가 주목을 많이 받고 있는 이유 중 하나가 바로 높은 구매전환율이다. 중국의 샤오홍슈와 같은 SNS 플랫폼 + 쇼핑 결합 형태는 구매전환율이 8~10% 수준에 달하는 것으로 알려졌으며, 중국 유명 인플루언서의 경우 라이브 커머스를 통한 구매전환율이 20%에 이른다고 한다.

홈쇼핑은 산정 방식이 조금 다른데, 한국의 홈쇼핑은 상대적으로 반품이 용이하다 보니 반품율이 전환율 산정에 중요한 요소로 작용한다. 총 주문 수량이 100개라 가정하고, 이 중 배송 전 취소하는 수량을 10개로 가정할 경우 순출고 수량은 90개다. 거기에 순수하게 출고된 상품 90개 중 반품 수량이 10개였다면, 반품률은 10/90=11%다. 이와 같은 경우 전환율은 (순출고 수량 – 반품 수량) 80개 / 총주문 수량 100개 = 80% 수준으로 산정된다.

MD

상품군 또는 머천다이저(Merchandiser)를 가리키는데, 주식시장에서는 주로 상품군을 뜻하는 용어로 자주 쓰이고 있다. 핵심 MD라고 하면 해당 점포의 가장 중요한 상품군이다.

PB vs. NB

프라이빗 브랜드(Private Brand) 또는 프라이빗 라벨(Private Label)이라 불리는 제품들은 유통업체가 독자적으로 기획해서 제조업체에 생산을 위탁하거나 직접 생산해 자체 개발한 상표를 부착해 판매하는 상품을 뜻한다. 일반 제조업체 브랜드(National Brand)를 칭하는 NB상품과 구별되는 개념이다. 세계에서 가장 프라이빗 브랜드가 발달된 곳은 영국과 일본이며, 1880년 유통업체로서 세계 최초로 PB를 개발한 것은 영국의 식품 유통업체인 세인즈버리다. 이후 1920년대에 이르러 미국의 체인스토어들이 대형화하면서 유통업체들의 판매력이 강해지자, 대규모 제조업체들에게 대항함과 동시에 시장 지배력을 강화하려는 의도에서 PB상품이 적극적으로 개발되기 시작했다. 불황기 일본의 체인스토어들 또한 제조업체를 컨트롤하는 대신에 직접 생산하는 PB상품을 통해서 시장 지배력을 유지해왔다.

PB상품으로 대표적인 브랜드는 코스트코의 커클랜드(Kirk-land)가 있다. PB를 소유하고 있는 유통업체에 국한되지 않고 다른 유통업체까지 확대하여 판매되고 있는 성공사례 중 하나로는 세이유백화점 그룹의 무인양품이 대표적이다. 과거 유통업체에게 PB 브랜드는 비슷한 품질이면서도 저렴한 가격으로 소비자에게 상품을 제공한다는 의미에 그쳤고, 제조사에게도 공장의 생산라인이 비어 있을 때 그 자리를 메우기 위한 제품 이상의 의미를 갖지 못했다. 경기가 악화되었을 때는 소비자들이 저렴한 가격을 추구하면서 PB상품 구매를 늘렸고, 경기가 회복되면 NB상품 구매로 되돌아갔기 때문이다.

이제는 단순히 저렴한 가격을 넘어서서 PB상품의 품질과 가치가 중요한 요소로 작용하고 있다. 실제로 NB상품보다 가격이 높은 PB상품들이 등장하고 있으며, 프리미엄 제품들도 출시되기 시작했다.

평효율

말 그대로 매장 1평당 매출을 뜻하는 지표다. 따라서 오프라인 매장에서 성과를 측정하는 지표였다. 참고로 신세계그룹은 정용진 부회장이 '유통업의 경쟁상대는 테마파크나 야구장'이라고 밝혔을 때부터 내부 보고서에서 평효율 단어를 제외하기 시작한 것으로 알려졌다. 정용진 부회장이 상품이 아니라 시간을 점유해야한다고 밝힌 만큼, 평당 매출액보다는 고객의 전체 시간에서 해당 업체의 점포에서 점유한 시간이 중요하다고 판단했고, 이 때문에 최근 점포들의 MD 구성은 체험과 취식 등을 강조하는 형태로 바뀌고 있다. 이는 비단 신세계그룹뿐만 아니라 유통 3사 모두 비슷한 추세며, 이에 따라 전통적인 백화점 점포 형태에서 복합쇼핑몰 형태로 바뀌고 있다.

흥미로운 점이 있다. 명동처럼 임대료가 비싼 자리에는 화장품 매장이 많은데, 왜 그럴까? 비싼 임대료를 감당하려면 평당 발생하는 매출액이 높아야 하는데, 화장품이야말로 보통 평효율이 가장 좋기 때문이다. 제품 부피는 작지만, 중국인 관광객 및 보따리상이 많이 왔던 대표적인 관광지였기 때문에 판매 수량이 보장되었고, 부피에 비해서 단가도 상대적으로 높기 때문이었다. 주요 화장품업체들의 유명 히트상품 에센스들은 쉽게 그 내용을 방증한다.

순증 점포수

명칭에서도 알 수 있듯 출점에서 폐점을 뺀 순증 점포수를 뜻한다. 연간 출점이 100개점이라 하더라도 폐점이 99개점이면 아무 의미가 없기 때문에, 출점과 폐점을 함께 보는 것은 의미가 있다. 현재 한국의 백화점, 대형마트 등은 성숙 시장이어서 이미 출점이 많이 된 상태다. 편의점은 상대적으로는 여유가 있지만 그럼에도 불구하고 이미 성숙기에 접어든 일본 편의점 시장과 비교해보면 비슷한 상황에 놓여 있다.

점포 리뉴얼, 증축

오프라인 점포들은 종종 리뉴얼을 단행하는데, 기존 점포가 노후되었을 경우 또는 고객의 경험 제고를 위해 시행한다. 매장의 구성 및 MD(Merchandising)를 변경하고, 인테리어 또한 새로 진행하는데, 리뉴얼 후에는 그 효과로 일시적 매출 상승이 나타나는 것이 보통이다. 반면 리뉴얼 기간 동안에는 매장에 가림막을 치고 공사를 하기 때문에 매출 하락이 나타는 것이 일반적이다. 마찬가지로 기존 점포에 매장 면적을 추가하는 작업을 증축이라 하는데, 리뉴얼과 같은 효과를 보인다.

임차 점포

유통업체가 자가로 확보한 부지에 세운 매장이 아니라, 임대

업체에게 임차료를 지불하고 운영하는 형태의 점포를 뜻한다. 자가 점포와 상반되는 개념이다.

합리적 소비, 양극화 소비, 가치 소비

소비자들이 어느 정도의 품질을 요구하면서도 저렴한 것을 추구하고, 동시에 자신의 가치에 부합하는 마음에 드는 물건이나 서비스에는 돈을 아끼지 않는 소비 패턴이다. 가령 명품이 불티나게 팔리고 있으면서도, 이와 동시에 다이소와 같은 초저가 전략을 추구하는 점포들도 매출 호조를 동시에 보이는 것과 마찬가지라고 볼 수 있다. 통상 소득 수준이 올라가면서 소비자들의 소비 패턴도 변화하는데, 한국 또한 1인당 국민소득 3만 달러를 기록하면서 이러한 양극화 소비가 이어지고 있다. 마찬가지로 MZ세대들이 소비를 주도하는 계층으로 떠오름에 따라 소비를 자신의 개성과 가치를 부여하는 도구로 활용하고 있어 합리적/양극화 소비와 궤를 함께 하는 가치 소비도 메가 트렌드라고 볼 수 있다.

Trading Up vs. Trading Down

상향구매(Trading Up)는 중가제품을 구매하던 소비자들이 삶의 질을 높이는 제품들에 대해서는 비싼 가격을 기꺼이 지불하는 구매 형태를 뜻한다. 글로벌 컨설팅 업체인 보스턴 컨설팅 그룹이 소개한 개념이다. 상향구매를 하는 소비자들은 자기 만족을 위해 럭셔리 상품들을 구매하고, 이러한 구매가 일어나는 품목들은 자신에게 의미가 있는 특정 품목에 한한다. 그렇지 않은 품목들은 하향구매(Trading Down)를 하는데, 이를테면 맘스터치나 노브랜드 버거와 같이 가성비가 좋은 햄버거 집에서 한 끼를 때우지만 한 개에 15,000원 하는 치약계의 명품 이탈리아 마비스 치약을 쓰는 식이다. 이처럼 자신의 니즈에 맞고 자신의 가치에 부합한다면 지갑을 기꺼이 열고 그렇지 않은 품목들에 대해서는 합리적으로 소비하는 패턴을 뜻한다.

SKU(Stock Keeping Unit)

SKU는 유통업체가 판매하고 있는 상품의 가짓수라고 생각하면 이해하기 쉽다. 취급하고 있는 품목 수를 뜻하고 보통 바코드 기준이라고 본다. 통상 대형마트는 3~4만 개 정도의 상품을 취급하고 있다. 과거에는 5~6만 개를 다루는 매장도 있었지만 최근에는 이를 줄이는 추세다. 편의점은 보통 2,000~3,000개 수준이다. 쓱닷컴은 1,000만여 개 정도 되고, 롯데온은 7,500만 개,

쿠팡은 2~3억 개 수준이다.

직매입

수수료로 매출을 올리는 것이 아닌, 유통업체가 직접 상품을 매입하여 일정 이윤을 붙여서 판매하는 형태다. 예컨대 쿠팡의 로켓배송은 직매입 형태를 취하고 있다. 미국과 유럽의 백화점은 직매입 비중이 60~70% 수준이고, 한국은 일본으로부터 백화점 모델을 들여왔기 때문에 수수료 매출액 형태인 특정 매입 비중이 70~80%에 달한다.

판매자, 셀러, 입점업체, 3rd Party 매출액

유통업체의 오프라인/온라인 플랫폼을 활용하여 판매를 하고자 하는 주체를 뜻한다. 이들은 오프라인 매장이나 온라인 사이트에 '입점'함으로써 유통업체들의 '트래픽'을 활용하게 되며, 이를 통해 구매를 유도하고 소비자의 구매가 이루어졌을 때 해당 상품 가격에 적정한 수수료를 유통업체들에게 지급하게 된다. 최근 D2C 모델이 각광을 받기 시작하면서, 유통업체를 거치지 않고 단독 사이트나 네이버의 스마트스토어 등을 통해 상품을 판매하는 사람들도 많아졌다. 이들 개인들을 판매자 또는 셀러라고

하며, 입점하는 주체가 기업일 경우에는 입점업체라 부를 수도 있다. 아마존은 이를 third-party 매출로 분류하는데, 직접 매입하여 매출을 일으킨 것이 아닌 제3자에 의한 매출액이기 때문이다.

Lock-In 효과(자물쇠 효과)

자물쇠 효과는 고객의 이탈을 막기 위해 유통업체들이 내고 싶어하는 효과다. 자물쇠가 문을 잠그는 것과 마찬가지로 소비자가 어떤 상품이나 서비스를 구매하기 시작하면 그것을 반복적으로 구매하는 현상으로, 더 좋은 제품이나 서비스가 나온다 하더라도 기존의 것을 고수하는 현상이다. 이는 귀찮아서가 될 수도 있고, 전환하는 기회비용이 더 크다고 생각해서일 수도 있고, 고객 충성심에 기반해서일 수도 있다. 다만 주목해야 할 점은 최근 유통업계 내 온라인 시프트와 더불어 소비자들이 선택할 수 있는 옵션이 증가하고 있다 보니, 자물쇠 효과를 통해 고객 베이스를 꾸준히 확보하는 능력이 매우 중요해졌다는 것이다.

마크업(Mark Up)

통상 의류업계에서 많이 쓰이는 단어로, 소비자 가격을 산정하기 위해 원가 대비 적용하는 배수를 뜻한다. 마진(이윤)과 유통

비용이 포함된다. 통상 저가 브랜드들은 2~3배 정도의 배수를 매기고, 고가 여성복은 4~6배, 명품은 10배 이상이다.

마크다운(Mark Down)

마크다운은 마크업과 달리 세일(할인판매)과 동일한 의미로 쓰인다.

사입/매입

사입은 상품을 판매하기 위해 구매하는 일을 뜻한다. 특이하게도 온라인 쇼핑몰을 운영하기 위해 동대문에서 물건을 매입할 때 많이 쓰이는 단어다. 동대문 도매 거래에서 이를 대행해주는 사람들을 '사입삼촌'이라 부른다.

폐기율

신선식품이나 편의점의 일배식품(일일배송식품)에서 유통기한이 지나거나 제품의 손상이 일어나 폐기해야 하는 품목들의 비율을 뜻한다. 대형마트 평균 신선식품 폐기율은 약 2~3% 수준이다. 편의점은 13~15% 수준이며, SSM은 4%, 마켓컬리는 최근 기사에서 폐기율이 1%대라 밝혔다.

일배식품

매일매일 배송해야 하는 상품들을 가리킨다. 주로 편의점에서 파는 도시락, 삼각김밥, 김밥 등이 해당된다.

BEP(Break-Even Point)

손익분기점으로 번역되는 용어인데, 수익과 비용이 같아 이익도 손해도 생기지 않는 지점이다.

집하

화물을 택배기사가 수거한다는 뜻이다. 보통 이커머스 판매자들이 판매하는 상품은 주문이 이루어졌을 때 판매자가 계약한 택배사의 기사가 상품을 수거하게 되는데, 이 과정이 집하다. 집하 완료라고 되어 있다면 배송을 위해 택배사가 상품을 수거 완료한 상태라 보면 된다. 보통 택배기사들은 낮에 배송 업무를 마친 뒤 늦은 오후부터 집하 작업을 시작한다.

간선 상/하차

상차는 차량에 택배를 싣는 것을 뜻하고 하차는 택배를 차량에서 내리는 것을 뜻한다. 즉 허브터미널 간선 상차를 했다면 상품을 목적지별로 분류하기 위해 허브터미널로 향하는 차량에 실었다는 뜻이다.

허브터미널

상품을 최종 목적지까지 운반하기 전 목적지별로 분류하기 위한 터미널이다. 허브(Hub)는 중심이라는 뜻인데, 이처럼 허브터미널은 통상 물류망 연결이 원활한 지역(주로 국토의 가운데 지점)에 대형 사이즈로 운영된다. 그래야 효율적이기 때문이다. CJ대한통운의 곤지암 터미널이 대표적 예다.

서브터미널

허브터미널에서 목적지별로 분류되어 각 지역을 담당하는 터미널이다. 허브에서 분류된 택배가 각 지역별 고객에게 도착하기 전에 거치는 곳이고, 마찬가지로 허브로 가기 위해서 각 영업소에서 수거된 택배가 모이는 곳이 서브터미널이다.

라스트 마일 딜리버리(Last Mile Delivery)

코로나로 인해 온라인 쇼핑으로의 이동이 가속화하면서, 상품이나 서비스가 소비자와 만나는 최종 접점을 뜻하는 말로 사용된다. 특히나 이커머스 업계에서는 소비자에게 상품이 전달되는 마지막 배송 단계를 가리키는 말로 라스트 마일 딜리버리가 자주 쓰이고 있다.

풀필먼트(Fulfillment)

물류업체들이 이커머스 판매자들에게 물류창고를 제공해 재고를 보관해주고, 주문이 들어오면 상품 피킹과 포장을 해주고, 이어서 배송까지 대행해주는 서비스다. 이와 더불어 CS(Customer Service, 고객 서비스)를 대행해주기도 한다. 이는 아마존이 2006년부터 시작한 Fulfillment By Amazon(FBA)이라는 서비스를 통해 이커머스 업계에 일반적인 용어로 자리 잡았다. 판매자가 상품을 풀필먼트 서비스 제공 업체의 물류센터에 미리 가져다놓기 때문에, 판매했을 때의 집하와 간선(서브-허브, 허브-서브) 단계를 생략하므로 배송을 더욱 빠르게 할 수 있다는 이점이 있다.

"If you never want to be criticized, for goodness' sake don't do anything new."
"비판받는 것이 두렵다면, 그냥 아무것도 하지 않으면 된다."

-제프 베이조스(아마존 CEO)

PART 2

THE RETUR

난 누군가
또 여긴 어딘가

OF RETAIL

01

코로나19로 소비의 형태는
어떻게 변화했을까?

재난은 소비를 바꾼다

코로나19로 그 어느 때보다 박쥐가 자주 입에 오르내린 2020년이었다. 예전에도 그렇게 박쥐를 신문에서 자주 볼 수 있었던 때가 있었다. 2002년 겨울 중국에서 발병해 2003년 중국을 덮친 사스(SARS)가 창궐했을 때였다. 당시 중국은 인터넷이 한창 보급되는 중이었고, 전염병으로 인해 소비자들이 외출을 꺼리면서 중국 온라인 쇼핑이 성장하는 계기가 됐다. 중국 이커머스를 주도하게 된 알리바바의 타오바오와 징동의 JD닷컴(JD.com)이 크게 도약할 수 있었던 것도 재난 덕이었다.

알리바바의 마윈 회장은 사스가 불러온 환경 변화를 재빨리 캐치했고, 2003년 5월에 타오바오 서비스를 론칭했다. 중국의 인터넷 보급이 초기 단계였던 만큼 돈을 지불하고 서비스를 사용한다는 인식이 널리 자리잡지 않았기 때문에 타오바오는 '수수료 제로' 정책을 기반으로 시장 점유율을 늘려나갔고, 결국 기존에 사업을 하고 있었던 이베이는 2007년 백기를 들고 중국에서 철수했다. 또한 중국은 현대 유통시설들이 국토 전역에 확산되기 이전에 이러한 배경을 바탕으로 온라인 쇼핑이 먼저 침투를 하게 되었고, 이에 알리페이와 같은 결제 수단이 한국에 비해서 상대적으로 빠르게 발전할 수 있었다. 이처럼 사스라는 사회 재난은 고작 7개월 동안이었지만 중국의 유통업계와 소비자들의 소비 패턴을 크게 뒤집어놓은 계기로 작용했다.

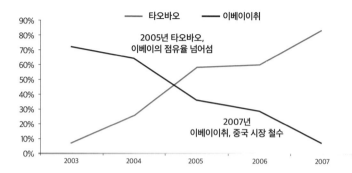

▶ 타오바오 vs. 이베이이취 시장 점유율

— 타오바오　— 이베이이취

2005년 타오바오,
이베이의 점유율 넘어섬

2007년
이베이이취, 중국 시장 철수

자료: 扬子江大鳄, 이베스트투자증권 리서치센터

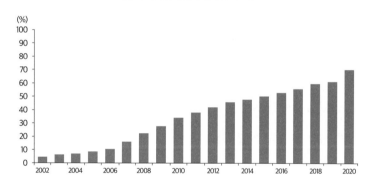

▶ 중국의 인터넷 보급률 추이

(%)

자료: CNNIC, 이베스트투자증권 리서치센터

"재난이 중국에서 이베이를 쫓아냈다!"

2011년 대지진이라는 자연재난이 발생한 일본의 경우도 비슷했다. 일본에서 편의점이 워낙 많은 기능을 하고 있다는 것은 널리 알려진 사실이다. 슈퍼마켓에 버금가는 과일과 채소 등 신선식품도 찾아볼 수 있고, 웬만한 점포에 대부분 ATM 기기가 마련되어 있으며, 개방형 화장실을 이용할 수 있는 점포도 많다. 전기요금, 수도요금, 가스비도 낼 수 있고, 팩스나 프린터기 등도 이용할 수 있다. 어떻게 보면 한국의 주민센터가 제공하는 기능들이다. 이러한 기능들이 강조되면서 동네 커뮤니티 인프라로 레벨업된 계기가 일본 대지진이었다. 대지진 이후 일본의 주요 사회 인프라들이 무너지면서, 이들의 기능을 생활 밀접형 유통 채널인 편의점이 흡수하기 시작한 것이다. 지진 피해 지역인 도호쿠 지방에 물자가 부족해지다 보니, 편의점은 전국 점포 네트워크를 활용하여 생필품 공급을 늘렸다. 또한 지진 지역 시민들에게 화장실과 온수를 제공하기도 했다. 이에 대지진이라는 큰 재난에도 불구하고 2011년 일본 편의점업체들의 영업이익은 전년 대비 증가했으며, 근거리 유통 채널로 다시 한번 자리 잡는 계기가 되었다.

또한 일본 내에 일시적으로 망가진 가전제품 교체 수요가 일어났으며, 부족한 전력에 대비하여 절전형 가전의 매출이 호조를 보이기도 했다. 앞으로 재난이 닥쳐 비상 상황이 발생하면 사용할 수 있도록 집에 직접 태양광 패널을 설치하는 움직임이 확산되기도 했다. 이처럼 자연 재난과 사회 재난은 소비에 많은 변화를 갑작스레 불러일으키고, 이러한 사건을 기점으로 기업의 흥망성쇠가 결정되기도 했다.

▶ 2011년 대지진에도 전년 동기 대비로 증가한 영업이익

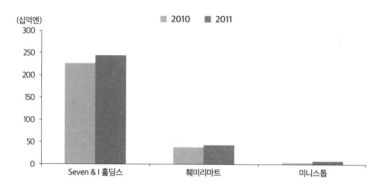

자료: 각 사, 이베스트투자증권 리서치센터

▶ 일본 대지진 이후: 태양광 패널 설치 주택 증가

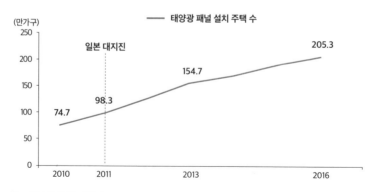

자료: 일본태양광발전협회

"2011년 동일본 대지진으로

일본의 편의점과 가전제품, 태양광업체가 뜨다!"

온라인 시프트, 가속 페달을 밟다

코로나19 발병도 사회 재난으로 작용하고 있다. 그리고 이는 전 세계적으로 소비자들의 소비 패턴과 주도 유통 채널의 변화를 불러올 것으로 전망한다. 처음으로 전 세계의 수많은 사람들이 한꺼번에 재택근무를 하였고, 포스트 코로나 시대에 극장이 살아남을지 의문을 제기하는 사람들도 많아졌다. 그중 단연 메가 트렌드는 온라인 쇼핑으로의 이동이다. 코로나19 확산 이후 물리적 상점을 방문하는 대신 온라인으로 상품을 주문하는 것이 자연스러워지고 있기 때문이다. 언택트(Un + Contact) 소비는 유통업 내 무인 점포 등 자동화 기술이 확산되면서 그렇잖아도 서서히 커지고 있었는데, 전염병에 대한 우려로 소비자들이 외부 활동을 자제하고 스마트폰을 이용한 쇼핑을 늘리면서 예전보다 두드러지게 증폭되고 있는 모습이다.

통계청에서 발표한 온라인 쇼핑 동향조사에 따르면, 2020년 한국 온라인 쇼핑 거래액은 161조 1,234억 원을 기록해 전년 대비 19.1% 증가했다. 2020년 전체 소매판매액은 475조 2,195억 원이었는데, 온라인 쇼핑 비중은 27.2%까지 상승했다(온라인 쇼핑 중 서비스를 제외한 상품 거래액 기준). 2019년 온라인 쇼핑 비중은 21.4%으로 전년 대비 2.8%p 상승했는데, 2020년에는 상승폭이 5.8%p에 달해 온라인으로 빠르게 이동히고 있는 모습이 나타났다.

이는 한국뿐만이 아니다. 중남미 이커머스 업체 메르카도 리브레(Mercado Libre)의 주가는 2020년 140%가량 올랐고, 소비자의 보수적인 특성으로 전체 소매판매액 대비 이커머스 침투율이 7%에 불과한 일본조차 코로나가 극심했던 2020년 2분기 온라인 쇼핑 성장률이 전년 동기 대비 49%에 달했다. 또한 2020년 아마존은 전자상거래 부문에서[North America/International 합산, AWS(Amazon Web Services)제외] 전년 동기 대비 38.8% 증가한 3,406억 달러를, 이베이(eBay)는 2020년 전년 동기 대비 18.9% 증가한 102.7억 달러의 매출액을 기록했다. 이처럼 주요 매크로 지표와 전자상거래 기업들의 실적을 통해 코로나19가 온라인 소비를 확실한 주류로 만들었다는 것을 확인할 수 있다.

파도치는 온라인 시장에 실버 서퍼가 온다!

마블 코믹스 시리즈 「판타스틱4」에 등장하는 인물 중 실버 서퍼가 있다. 온몸이 은빛 금속인 덕에 우주에서도 맨몸으로 다닐 수 있고, 서핑 보드를 타고 다니는 인물이다. 최근 들어 실버 서퍼로 불리는 사람들이 추가됐는데, 바로 스마트폰과 인터넷 사용이 능숙한 노년층이다. 코로나19로 인해 온라인 소비가 전 세대에 걸쳐 자리 잡게 될 것으로 전망되지만, 50대 이상의 연령층으로의 확산이 가장 주목할 만한 부분이다. 그동안 온라인 구매가 가장 활발하지도, 익숙하지도 않았던 세대들이 전염병으로 인해 자의 반 타의 반으로 인터넷 쇼핑에 유입되었기 때문이다.

실제로 한국에서 코로나19가 가장 정점이었고 공포심이 극에 달했던 2020년 2월부터 3월 초까지 한 달간 50대 이상의 온라인 구매 증가율은 생필품과 생활용품, 식품에서 가장 큰 폭으로 증가했다. 이처럼 과거 매장에서 실물을 직접 보고 사는 것을 일생 내내 해왔고, 그것이 익숙하여 선호하던 세대들이 온라인으로 유입되었다. 온라인 구매가 증가할 것이라는 것은 예견된 수순이었지만, 코로나19가 이를 전 연령층으로 확산시키고 있고, 그 속도를 앞당기고 있다는 것이 중요하다.

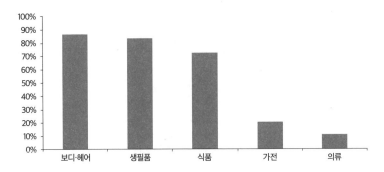

▶ 50대 이상 카테고리별 온라인 구매 증가율

자료: 이베이코리아, 이베스트투자증권 리서치센터
주: G마켓 기준, 2020년 2월 2일 ~ 3월 3일 전년 동기비

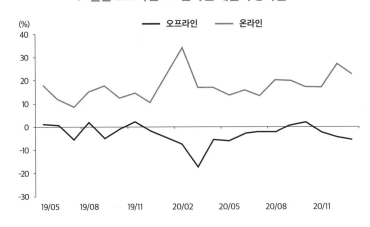

▶ 월별 오프라인 vs. 온라인 매출액 증가율

자료: 산업통상자원부, 이베스트투자증권 리서치센터

2020년 데이터 조사 기관 퍼스트 인사이트가 실시한 설문

결과에 따르면 '코로나19가 쇼핑 장소나 소비방식에 영향을 미쳤다'고 응답한 베이비붐 세대(56~74세)는 2월 28일 26%에서 3월 17일 71%로 급증했다. 젊은 세대에 비해 상대적으로 더욱 코로나19 감염을 조심해야 하는 중장년층이 오프라인 상점에 대한 접근 자체가 차단되자, 어쩔 수 없이 온라인을 이용하게 된 것이다.

아무것도 하지 않지만 더 격하게 아무것도 하기 싫다, 게으름 경제!

전래동화에서 게으름뱅이들은 소가 되었지만, 요즘의 게으름뱅이들은 새로운 직업과 비즈니스 모델들을 만들어내고 있다. 중국에서는 란런경제(懶人經濟) 라는 신조어가 2017년부터 대두되기 시작했는데, 게으른 사람들이 늘어나면서 이들의 수요를 만족시키는 상품과 서비스들이 새로 생겨나고 성장하기 시작했기 때문이다. 예를 들어 바쁜 사람들이 집 앞에 편의점이 있음에도 불구하고 배달 서비스를 통해 더 비싼 배송료를 지불하고 1시간 걸려 배송을 받는다거나, 퇴근 후 집에 가는 길에 내려 식당의 음식을 포장해갈 수 있지만 배달비를 지불하고 집에서 받아 먹거나 하는 것이 대표적 예라 볼 수 있겠다.

한국에서도 심부름 앱에 바퀴벌레 대신 잡아주기, 유명 맛집에 대신 줄서주기 등 귀찮은 일을 대신해주길 바라는 이른바 귀차니스트들이 나타나고 있다. 2018년 중국 타오바오에서 발간한 게으름 경제 보고서에 따르면, 중국인들은 2018년 이외 관련한 소비로 160억 위안(약 2.8조 원)을 지출했고 이는 2017년 대비 70%가 증가한 수치였다. 그리고 이 보고서는 1995년 이후 태어난 세대인 Z세대들을 가장 게으른 사람들이라 칭하기도 했다. 참 재미있는 표현인데, 그들의 온라인 소비 금액이 전년 대비 82% 성장했기 때문이다. 실제로 중국에는 새우 껍질 까주는 아르바이트, 수시로 접속해야 하는 게임에 명절 연휴기간 동안 대신 게임해주는 아르바이트 등이 화제가 되기도 했다.

이런 게으름 경제는 코로나19로 인해 더욱 성장할 것으로 전망된다. 감염을 피하기 위해 비대면 소비가 선호되면서, 사소한 것까지도 배달 받고자 하는 수요가 증가하고 있기 때문이다. 와이즈앱에 따르면 2020년 만 20세 이상의 배달의민족, 요기요 결제금액은 12조 2,008억 원을 기록했다. 이는 전년 대비 75% 상승한 수치다. 특히 월별로 보면 소비자들의 배달앱 사용이 습관으로 변하고 있음을 확인할 수 있다. 배달의민족과 요기요의 월간 결제금액은 코로나 확산 시기에 한 번씩 피크를 찍긴 했지만, 전체적인 결제금액 자체는 지속적으로 우상향하여 2020년 12월에는 역대 최대 수치를 기록했다.

▶ 2020년 배달의민족 + 요기요 월간 결제금액 추이

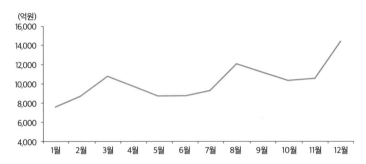

자료: 와이즈앱, 이베스트투자증권 리서치센터
주: 한국인 만 20세 이상 개인 결제금액 추정

명품 매장엔 왜 계속 줄을 서는 걸까: 보복 소비

지난해 편의점 실적에서 재미있는 부분이 있었다. 바로 담배 매출액이 급증했다는 것이었다. 코로나19로 인해 해외여행이 어렵다 보니 면세점에서 구매하는 담배를 싼 가격에 살 수 없게 되

었는데, 마침 재난지원금 사용처로 편의점이 포함되면서 담배 구매가 늘었다는 것이었다. 이처럼 코로나19로 인해 억눌린 소비들은 다른 분야로 이동해 반사이익을 만들어내기도 한다.

"코로나19로 억눌린 소비들이 분출되고 있다!"

2020년 해외여행이 급감했고, 이에 대한 억눌린 소비 수요가 국내에서의 명품 소비 등으로 분출되는 것이 대표적이다. 이는 코로나19 종식을 가장 먼저 공식적으로 선언한 중국에서 찾아볼 수 있다. 2020년 1분기 중국 소매판매액은 전년 동기 대비 19% 감소한 7조 8,580억 위안을 기록해, 1990년 이래 처음으로 분기 역성장했다. 월별로 살펴보면, 중국에서 코로나19가 정점을 찍었던 1~2월에는 소매판매액이 전년 동기 대비 20.5% 감소해 5.2조 위안을 기록했다. 다만 3월에 들어서면서 확진자 순증이 100명 내외로 둔화했고, 이에 3월 소매판매액은 전월 대비 감소폭이 15.8%로 축소되어 2.6조 위안을 기록했다. 이처럼 30년 만의 중국 소매판매액 역신장은, 코로나19 발병으로 중국 소비가 1)단기간에 2)가장 큰 폭으로 위축되었음을 시사한다.

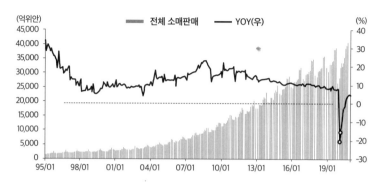

▶ 코로나로 인해 최초로 중국 소매판매액 감소

자료: 자료: 中国国家统计局, Wind, 이베스트투자증권 리서치센터

　　2020년 1분기 중국 소매판매액을 부문별로 살펴보면, 음식료품(전년 동기 대비 +12.6%)과 의약품(전년 동기 대비 +2.9%)을 제외한 모든 품목의 소비가 감소했다. 가장 크게 감소한 품목은 금, 은 및 보석 등 사치품이었으며(전년 동기 대비 -37.7%), 의류, 신발 및 잡화 -32.2%, 자동차 -30.3%, 전자제품 -29.9%, 가구 -29.3% 등으로 대체로 소비를 보류할 수 있는 품목들에서 감소폭이 크게 나타났다. 화장품도 재택근무 확산 및 외출 감소로 2003년 이래 첫 역신장을 기록했다. 반면 곡물 및 식품(전년 동기 대비 +12.6%), 음료(전년 동기 대비 +4.1%), 의약품(전년 동기 대비 +2.9%) 등의 소매판매액은 늘어났다. 2020년 1분기 팬데믹 상황에서 당연하게 생존을 위해 필요한 품목만 소비가 증가한 것이다.

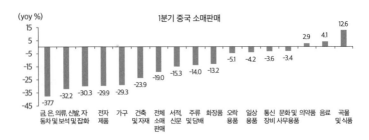

▶ 2020년 1분기 중국 소매판매 전년 동기 대비 성장률

자료: 中国国家统计局, Wind, 이베스트투자증권 리서치센터

　이를 반대로 생각하면, 회복탄력성이 큰 부문은 가장 눌려 있었던 부문이다. 코로나19가 진정 국면에 접어들면 사회적 거리 두기와 자가격리 등으로 억눌렸던 소비가 폭발할 것으로 전망하기 때문이다. 30년 만에 생존을 위해 취식한 소비재(음식료, 의약품) 외에는 중국 내 모든 품목의 소비가 1)매우 짧은 시간에 2)매우 강하게 위축되었다. 따라서 우리나라 또한 백신 접종과 더불어 소비가 살아날 때, 수혜를 누릴 것으로 전망되는 부문은 중국의 회복 순서를 참고해볼 필요가 있다.

　보복 소비는 중국 럭셔리 브랜드 매장에서도 실제 확인되었다. 2020년 4월 11일, 중국 광저우 타이구후에이 몰 에르메스 매장은 코로나19로 인해 3개월 만에 확장을 끝내고 문을 열었다. 이 매장은 일일 매출액 1,900만 위안(약 33억 원)을 기록해 중국 에르메스 매장 1일 매출액 사상 최대치를 기록했다. 실제로 중국판 인스타그램이라 볼 수 있는 샤오홍슈(小红书)에 올라온 게시물들에서는 전염병이 끝난 주말 에르메스에서 새 옷 20벌을 구매했다든지, 말띠 꼬마인 딸에게 첫 에르메스 가방을 사주었다는 등의 구매 인증샷을 쉽게 찾아볼 수 있다. 최근에도 에르메스로 검색하면 후기 및 품평 영상들이 꾸준히 업로드되고 있는 걸로 볼 때, 일시적인 오픈 효과만은 아닌 것 같다.

"중국인의 보복 소비가

럭셔리 브랜드 매장의 일일 매출액을 경신하다!"

한국에서 가전과 리빙 용품들의 매출 신장세가 두드러졌던 것도 같은 맥락이다. 집에서 오랜 시간을 보내게 된 소비자들의 눈에 들어오는 것들은 아무래도 오래된 가전제품과 가구들일 것이다. 이에 "어차피 해외여행도 못 가는데" 라는 생각이 이러한 품목들에 대한 소비 이전으로 나타나면서, 2020년 가전과 가구들의 매출액은 양호한 성장을 보였다. 여성 의류가 고전했던 것과 상반되는 모습이다.

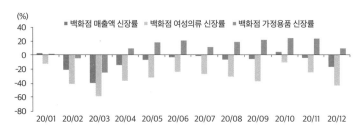

▶ 2020년 월별 백화점 품목 매출 신장률

자료: 산업통상자원부, 이베스트투자증권 리서치센터

코로나 신규 확진자 수가 점차 안정화하고, 백신 접종 또한 시작되면서 한국에서도 이러한 보복 소비의 징후가 보이고 있다. 거리두기 장기화에 따른 피로감도 반영되고 있다. 2021년 3월 주말 백화점 3사의 매출액은 전년 동기간에 비해 50% 이상 증가했다. 2020년 코로나19로 인해 매출이 꺾이면서 기저가 낮은 것도 한몫했겠지만, 과거와 다른 점은 최근 백화점의 성장을 이끌었던 명품과 가전/가구에 국한하지 않고 의류/패션 품목들에서도 회복세가 두드러진다는 점이다. 또한 2020년 전국 가구 흑자율(가계가 벌어들인 돈에서 쓰고 남은 돈의 비율)도 30% 이상을 기록했는데, 이는 사상 최고 수치였다. 가계가 돈을 쓰지 않았다기보다는, 코로나19로 인해 쓰지 못했기 때문에 소비가 위축되었다고 볼 수 있다. 이에 향후 코로나19 상황이 완화된다면 폭발적인 소비가 나타날 공산이 크다.

02

오프라인:
온라인이 못 하는 것을 보여주겠어

천하의 미국 백화점, 굴욕을 맛보다

2020년 8월 월스트리트저널에 미국 백화점에 관한 놀라운 소식이 실렸다. 법원에 파산보호를 신청한 백화점업체들의 점포를 아마존의 물류센터로 활용하는 방안이 논의되고 있다는 내용이었다. 기사에서 월스트리트저널은 이것이 쇼핑몰의 쇠락과 전자상거래의 부상이라는 두 가지 트렌드의 교차점이라고 덧붙였다. 이처럼 오프라인 업체들은 높은 고정비 때문에 온라인에

맞설 가격 경쟁력을 확보하기 어려웠고, 신속하고 편리한 것을 추구하는 MZ세대들의 니즈와 맞지 않는 부분을 가지고 있었다. 그래서 100년 넘는 역사를 가지고 있는 미국 백화점들이 줄줄이 파산보호 신청을 하는 형편이었다. 113년의 전통을 가진 고급 백화점 니먼 마커스는 2020년 5월에 신청했고, 이후 J.C. 페니도 그 뒤를 이었다. 미국에서 가장 긴 194년 역사를 자랑하는 럭셔리 백화점 체인 로드앤테일러 또한 같은 해 8월에 파산보호를 신청했다. 더 기막힌 노릇은 이 백화점은 2019년 창업한 지 7년밖에 안된 스타트업에 인수되었는데, 이후 1년 만에 코로나 쇼크로 인해 아예 문을 닫게 됐다는 점이다. 그동안 아마존을 대표로 한 이커머스 공격으로 어려움을 겪고 있던 백화점업체들은 2018년 시어스 백화점 파산에도 명맥을 이어왔으나 코로나19에 따른 갑작스런 매출 급감을 버텨내지 못하고 있다. 시어스는 1950년대 산업화가 진행되며 도시에 중산층들이 형성되기 시작하자 목이 좋은 요지에 화려한 매장들로 소비를 흡수했었는데, 이처럼 명성을 떨치던 업체들이 온라인 공격과 더불어 코로나19로 사라지고 있다.

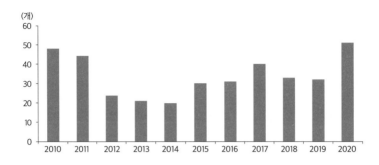

▶ 미국 연도별 유통업체 파산 신청 수 추이

자료: S&P Market Intelligence, 이베스트투자증권 리서치센터

온라인이 못 하는 것을 우리가 하면 된다!

이렇게 되자 전통적인 유통 채널들은 좀 더 다른 모습으로 바꾸려는 움직임이다. 온라인이 사지 못하는 품목들로 매장을 채워 나가고 있는 것이다. 온라인으로 사지 못하는 오프라인만의 체험, 경험, 취식 등의 기능을 강조하는 점포로 변모하고 있다. 대표적으로 현대백화점 판교점을 들 수 있다. 현대백화점 판교점은 오픈한 지 5년 4개월 만에 1조 원의 매출을 기록하며 국내 백화점 중 가장 빠른 기록을 세웠다. 이는 체험형 시설을 강화하는 전략이 매출에 주효하게 작용한 것이다. 백화점이지만 현대어린이책미술

관 같은 가족 단위의 여가 시설을 넣었고, 식품관 또한 당시 국내 최대로 마련하여 국내외 맛집 130여 개를 입점시켰다. 이런 식으로 고객의 시간을 점유하고, 점유한 시간 내에서 구매를 이끌어내는 것이 최근 오프라인 유통업체들이 구사하는 전략이다.

현대백화점이 2021년 오픈한 더현대 서울 또한 마찬가지다. 과거에는 백화점의 평효율을 중시했기 때문에 전체 면적에 상품 MD 외에 매출 기여도가 낮은 카테고리를 입점시키는 것은 어리석은 전략이라 평가되었을 수도 있다. 지금은 온라인 채널의 가격이 훨씬 저렴하고, 훨씬 편리하다 보니 오프라인 채널은 매출 기여도는 상대적으로는 낮지만 온라인이 할 수 없는 것 위주로 매장을 꾸미고 있다. 백화점 매장 안에 1,000평 규모의 실내정원을 조성하고, 인공 폭포 등을 만들어 매장에 좀 더 오래 머물게 하고, 매장을 찾아올 명분을 만들어주는 것이 최근 오프라인의 트렌드다.

너넨 늦었지? 우린 목 좋은 곳을 진작 찜했어!

오프라인이 강점을 가지고 있는 부분은 또 있다. 도심 요지에 점포를 가지고 있다는 점이다. 이것이 강점으로 작용하는 이유는, 온라인 시프트에 따라 물류센터의 중요성이 부각되고 있기 때문이다. 이 때문에 물류센터 부지 값이 상승하고 있고, 또 물류센터를 구하기도 쉽지 않아졌다. 특히 코로나19로 인해 수도권의 우량 물류센터의 가치는 광화문권역의 A급 빌딩과 비슷한 수준까지 올랐다는 분석도 있을 정도다.

한편 점포를 확장할 수 있는 여력이 많았던 시기에 좋은 곳을 잘 골라서 출점했던 오프라인 점포들은 요지를 선점했다. 대형마트는 더더욱 그렇다. 온라인 시프트에 따라 모두들 빠른 배송을 구현하고 싶어하는데, 도심 요지를 틀어쥔 점포들을 물류센터로 활용한다면 좀 더 수월할 수 있다. 3km 반경 안에서는 사륜차보다 이륜차가 훨씬 빠르게 마련인데, 이런 운송 인프라까지 확보할 수 있다면 금상첨화다.

물류센터를 짓는 데는 개발 계획 수립부터 토지 매입, 인허가 승인, 설계, 준공까지 짧아도 3년가량이 소요되는데, 이 때문에 이미 확보한 점포를 배송을 위한 물류 거점으로 활용할 수 있다는 점은 오프라인의 큰 강점이다. 실제로 최근 대형마트들은 오프라인 매장의 면적을 온라인 주문을 담당하는 공간으로 변모시켜 활용하고 있고, 이를 통해 온라인 부문을 강화하고 있다.

03

온라인 쇼핑 블루오션,
장보기 시장!

시대를 앞서간 온라인 식료품의 불운아,

웹밴(Webvan)

1990년대 말 닷컴 버블을 이야기하거나, 시대를 앞서간 비운의 기업을 이야기할 때 언급되는 기업 중 하나가 웹밴(Webvan)이다. 웹밴은 1996년 설립된 인터넷 슈퍼마켓으로, 최근 유통업계에서 뜨거운 이슈가 되고 있는 온라인 식료품 시장의 조상 격이라 할 수 있는 회사다. 이 회사는 소비자들이 온라인에서 편리하게, 그러면서도 오프라인보다 더 좋은 가격에 음식료품을 구매하게 하는 것을 목표로 삼았다. 1999년 11월 웹밴은 기업공개(IPO)를 통해 3.75억 달러의 공모자금을 유치했고, 당시 공모가는 30달러였다. 말 그대로 화려한 시장 데뷔였다. 당시 시가총액은 12억 달러에 달했다.

더욱 놀라운 것은 지금으로부터 20년 전인 그 당시 웹밴이 30분 안에 식료품을 소비자의 집까지 배송하겠다고 계획했다는 점이다. 이는 2021년 현재 전 세계 유통 시장에서 우리가 보고 있는 모습과 크게 다르지 않아 보인다. 1999년 6월에 첫 주문을 받았던 웹밴은, 고작 2년 뒤인 2001년 6월에 파산 신청하며 10억 달러 넘는 돈을 허공으로 날려 보냈다.

▶ 웹밴 주가 차트

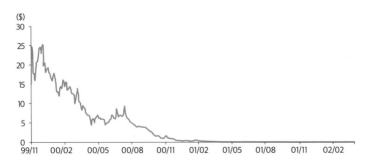

자료: Bloomberg

웹밴은 물류를 외주로 해결하지 않고 직접 운영했으며, 1999년 10억 달러의 투자를 통해 2001년까지 26개 도시에 물류센터를 건립할 계획이었다. 밴과 트럭을 통해 신선식품의 배송도 직접 했다. 품목이 신선식품이다보니 저온배송이 가능한 시스템을 차량에 갖춰야 했다. 창고는 의외로 자동화가 많이 되어 있었는데, 이러한 과정을 동시 다발적으로 추진하며 사업 초기부터 자체 인프라를 구축하기 위한 비용 출혈이 너무 컸다. 또한 비용 절감을 위해 배송의 유료화를 진행하고 마케팅을 축소했는데, 이 때문에 주문이 감소하고 다시 손실이 커지는 악순환으로 이어졌다.

"온라인 슈퍼마켓의 원조 웹벤, 무엇이 문제였을까?"

웹밴의 실패 요인에는 여러 가지가 있지만, 본격적인 온라인 식료품 시장이 형성되기 전에 너무 일찍이 진출한 점이 가장 큰 원인이었다. 시장 형성이 되지 못했던 이유는, 대부분의 소비자들이 당시에는 야채나 과일, 육류를 직접 보고 고르고 싶어했기 때문이다. 이와 더불어 몇몇 전업주부들은 온라인으로 쇼핑하는 것에 대해서 죄책감을 느끼고 직접 쇼핑을 하러 가는 것을 선호했다. 2000년 당시 웹밴의 사업을 유지하기 위해서는 고객당 평균 103달러짜리 주문이 필요했다. 하지만 2000년 2월 고객 평균 주문 금액은 80달러였고, 2000년 연말에는 81달러로 겨우 1달러 증가하는 데 그쳤다. 2000년 회사가 매일 지출한 금액은 1.8백만 달러였지만, 일일 매출액은 48.9만 달러에 불과했다.

두 가지 이유 모두 지금 우리가 처한 상황과는 매우 다른 모습이다. 온라인 쇼핑의 발달과 콜드체인(저온유통체계)의 확산으로 터치 한 번에 신선식품을 받아볼 수 있는 시대가 왔기 때문이다. 이를 통해 현대인들은 지루하게 장을 보는 시간에 더 많은 다른 일을 할 수 있게 되었다. 그리고 이 시장을 오프라인 대형마트들은 어려움을 타개할 돌파구로 삼기 위해 분주히 움직이고 있다.

웹밴의 실수를 우리는 되풀이하지 않겠다!

여성 경제활동 인구가 증가하고, 1인가구 비중이 늘어나면서 과거 가족 단위 여가 활동으로서의 장보기는 점차 온라인을 통한 목적 구매로 변화할 공산이 크다. 통계청에 따르면 2020년까지 1인가구 비중은 30.1%, 2045년까지 36.3%에 달할 것으로 전망된다. 이 때문에 90년대 말 미국에서는 다소 자취를 감춘 온라인 식료품 시장이 최근 들어서 다시 형성되고, 유통업체들로부터 향후 성장 동력으로 각광받기 시작했다.

▶ 꾸준히 높아지고 있는 여성 경제활동 참가율

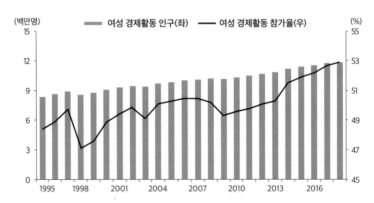

자료: 통계청, 이베스트투자증권 리서치센터

▶ 한국 1인가구 비중은 전체 가구의 36%까지 상승 전망

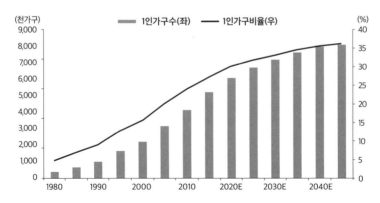

자료: 통계청, 이베스트투자증권 리서치센터

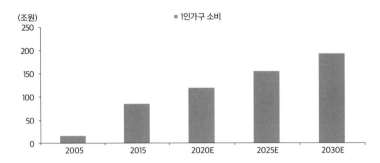

▶ 급증하는 1인가구 소비 규모

자료: 산업연구원, 이베스트투자증권 리서치센터

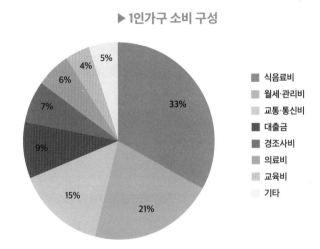

▶ 1인가구 소비 구성

자료: KB경영연구소, 이베스트투자증권 리서치센터

　　PART 1에서 설명했던 것처럼 온라인 쇼핑은 가장 거래가 쉬운 것으로부터 시작해서, 점차 어렵고 복잡한 것으로 확대된다.

그렇다면 앞으로 어느 부문에서 온라인 비중이 높아질까? 온라인 판매가 가장 까다롭고 규제 이슈도 있는 분야가 될 공산이 크다. 이 분야는 식료품과 의약품이라 판단한다. 그리고 이 둘 중 규제 이슈가 상대적으로 덜한 식료품에서 먼저 침투가 일어나고 있는 중이다.

▶각 품목별 온라인 쇼핑 비중

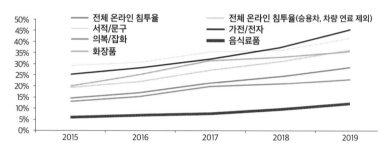

자료: KOSIS, 이베스트투자증권 리서치센터

또한 식품 시장의 규모가 매우 큰 것도 매력적이다. 전체 소매판매액 중 식품 소비 비중이 가장 높다. 이는 우리나라뿐만 아니라 다른 나라들도 비슷한 모습이다. 그만큼 큰 시장의 온라인 소비 비중이 낮다는 점은, 기타 소비재 평균 정도의 온라인 비중까지만 올라온다 해도 향후 성장 여력이 크다는 것을 보여준다. 그렇기 때문에 모든 유통업체들이 포기하고 싶어하지 않는 시장이다. 온라인 식료품 시장은 여타 품목과 달리 진입장벽이 있는 편이기 때문이다.

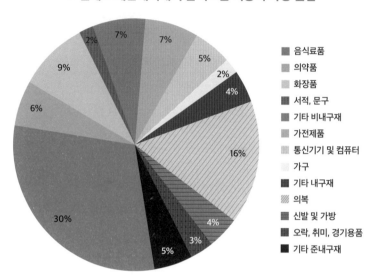

▶ 전체 소매판매액에서 음식료품 비중이 가장 높음

- ■ 음식료품
- ■ 의약품
- ■ 화장품
- ■ 서적, 문구
- ■ 기타 비내구재
- ■ 가전제품
- ▨ 통신기기 및 컴퓨터
- 가구
- ■ 기타 내구재
- ▨ 의복
- ▤ 신발 및 가방
- ■ 오락, 취미, 경기용품
- ■ 기타 준내구재

자료: KOSIS, 이베스트투자증권 리서치센터

아무나 온라인 슈퍼마켓이 될 수 없는 이유

온라인 식료품 분야는 까다로울 수밖에 없다. 무엇보다 먼저 상품 종류가 너무 많다. 예를 들어 같은 사과라도 대구 사과, 청송 사과 등이 모두 달라 정형화되어 있지 않다. 그래서 그동안 대구 사과 10박스를 소싱해오다 갑자기 고객의 주문이 폭증해 30 박스로 공급자를 늘리려고 하면 균등한 품질의 대구 사과를 구하는 것이 쉽지 않다. 비단 사과뿐만 아니라 여러 채소나 과일의 경우에도 같은 문제가 발생할 수 있다. 또한 배송에 있어 신선도를 유지하는 일이 매우 중요하면서 까다롭다. 많은 종류의 품목들을 한 장바구니 안에 담아내는 작업은 비용이 매우 많이 들기 때문에 효율적으로 수행되어야 하고, 보관부터 소비자의 집까지 배송되는 모든 구간 동안 제품들을 신선하게 유지할 수 있어야 한다. 즉 돈이 많이 든다는 소리다. 또한 이왕이면 빨리 배송되는 편이 좋다. 따라서 이를 위한 운송 비용도 많이 필요하다. 이런 점이 오히려 대형업체들에게는 유리하다. 비용 부담으로 아무나 뛰어들 수 없는 시장이기 때문이다.

앞서 언급했듯이 온라인 식료품은 이커머스 시장에서 블루오션으로 볼 수 있는 분야고, 시장 규모도 크기 때문에 이커머스에 진출하고자 하는 모든 이들이 군침을 흘리고 있다. 다만 천만 팔로워를 거느리고 있는 인플루언서라고 해도, 밭을 매입해 작물을 키워 신선하게 배송하는 것은 지극히 어렵다. 설사 작물을 재배하는 곳과 제휴를 맺었다 해도, 신선하게 배송하는 데에는 많은 돈이 든다. 전 배송 구간이 콜드체인으로 구축돼 있거나, 그렇지 않으면 택배 박스에 냉매라도 푸짐하게 넣어 신선도를 지켜야 한다.

"이커머스 시장의 블루오션, 온라인 식료품 시장을 잡기 위한 기업들의 고군분투가 시작된다!"

가공식품이라 해도 마찬가지다. 예를 들어 당신이 유명한 이탈리아 요리 인플루언서라고 가정해보자. 인스타그램에 올렸던 당신의 특제 라자냐 레시피가 바이럴되며 인기를 끌었다. 문득 당신은 이 레시피대로 라자냐 밀키트를 만들어 판매하면 많은 돈을 벌 수 있을 것 같다는 생각이 들었다. 내가 집 부엌에서 만들던 라자냐를 똑같이 구현할 공장을 섭외하는 것부터, 품질 관리, 신선배송까지 품과 돈이 매우 많이 들 것이다. 일반 소비재와 견주어보면 유통기한도 짧기 때문에 재고 폐기도 많을 수밖에 없다.

따라서 온라인 식품 시장은 자본력에서 우위에 있는 대형마트 업체들이 상품 소싱, 재고 관리, 배송 측면에서 더 유리하다는 결론이다. 그리고 이 점을 이용해 시장을 선점하고 싶어한다. 더불어 이미 가지고 있는 점포를 배송 네트워크 또는 미니 사이즈 물류센터로 활용할 수 있다는 점을 내세우며 이 시장을 차지하기 위해 노력 중이다.

아마존은 도대체 왜 홀푸드를 인수했을까?

아마존은 2017년 6월 미국 최대의 유기농 식료품 체인인 홀푸드마켓(Wholefoods)을 137억 달러에 인수했다. 이는 아마존 역사상 최대 규모의 M&A였다. 전 세계 트렌드와 마찬가지로 미국의 오프라인 유통업 성장률은 온라인 대비 둔화했고, 오프라인 유통업체들은 온라인의 공격으로 어려움을 겪고 있다. 이러한 배경에서 아마존의 홀푸드 인수는 역대급 규모와 더불어 속내가 무엇이냐를 두고 주목을 끌었다. 잘 성장하고 있는 온라인 업체가 굳이 성장 둔화에 심지어 폐점까지 하고 있는 오프라인 업태를 인수한다는 것은 매우 의아한 일이었기 때문이다.

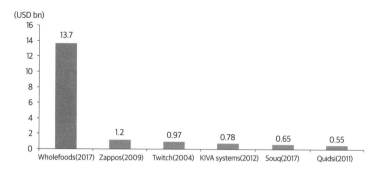

▶ 아마존 역대 M&A 중 가장 규모가 큰 홀푸드

(USD bn)

자료: Amazon 10-Q

아마존은 그동안 아마존 프레시라는 서비스를 통해 온라인 식료품 시장에 대비하는 모습이었다. 2007년 시애틀을 시작으로 론칭한 이 서비스는, 과일, 채소, 아이스크림 등에 이르는 식료품을 집까지 배달했다. 1990년대에 사라진 웹밴의 실패를 고려해서인지, 아마존은 로컬 식료품점을 통해 배송하는 형태를 택했다. 당시 일부 언론에서는 아마존 프레시가 식료품 산업을 모두 정복할 것이라 예측하였으나, 론칭한 지 9년 뒤인 2016년, 아마존의 미국 식료품 시장 점유율은 0.8%에 그쳤다.

아마존 프레시는 기존 오프라인 업체들인 월마트, 세이프웨이 등과 가격적인 측면에서 부딪혔고, 이와 더불어 인스타카트, 피파드 등 온라인 식료품 배송업체들과도 경쟁이 붙게 됐다. 아마존은 UPS, 페덱스 등과 파트너십이 있었지만 식료품의 배송은 일반 배송과는 달랐다. 책이나 전자제품과 달리, 신선식품이나 우유 같은 식료품들은 조심스럽게 다루어야 했고 쉽게 상한다는 점을 간과했던 것이다.

반면에 스타트업인 인스타카트는 홀푸드와 크로거와 같은 대형 오프라인 유통업체 파트너가 있었기 때문에 149달러의 연회비를 내면 35달러 이상 주문 시에 2시간 내 무료배송을 해줬다. 더불어 월마트도 미국 인구의 90%가 월마트 매장으로부터 10마일 이내에 거주하는 점포망을 가지고 있다 보니, 점포와 넓은 주차장을 온라인 주문을 픽업하는 키오스크로 활용하며 배송 경쟁력을 확보해나갔다.

이에 아마존은 오프라인 업체인 홀푸드마켓을 인수해버리는 결단을 내린다. 홀푸드는 기존 인스타카트와도 초기에 파트너십을 맺었던 오래된 파트너 중 하나였고, 인스타카트 매출액의 10% 수준이 홀푸드에서 발생할 만큼 중요한 업체였다. 2016년 인스타카트는 홀푸드와 5년짜리 독점적인 배송 계약을 체결했었지만, 2017년 아마존이 홀푸드를 인수한 이후 이 계약은 깨지게 되었다. 아마존은 이처럼 온라인 식료품 시장 확대를 위한 발판을 확보하고, 동시에 경쟁자에게 강력한 한 방까지 날린 셈이다.

"아마존이 홀푸드마켓을 인수하며
온라인 식료품 시장 재편에 나서다!"

중국의 최대 전자상거래업체인 알리바바도 비슷한 행보를 보였다. 알리바바는 2015년부터 백화점 인타임, 대형수퍼마켓 체인 리엔화, 가전제품 양판점 쑤닝 등 오프라인 업체의 지분을 인수하며 슬슬 시동을 걸더니, 마침내 2017년 11월에는 3조 원이 넘는 거액을 들여 중국 대형마트 1위 업체인 RT마트 지분 36.2%를 인수했다. 중국 대형마트의 기존점 신장률은 -7% 수준을 기록한 지 오래였지만, 알리바바 또한 장보기 시장에 진입하려는 의도였다.

알리바바가 오프라인 부문으로 확장을 시작했던 것은 2016년 초부터인데, 이때는 중국 톈진에 수입 제품들 위주로 꾸며진 단순한 매장을 오픈하는 정도였다. 같은 해 3월, 징동닷컴의 물류 총괄 출신 허우이(侯毅)가 창업한 신선식품 플랫폼 허마셴셩(盒马鲜生)에 투자하면서부터 오프라인 채널을 확보하기 위한 본격적인 노력에 나섰고, 이를 통해 대형마트 사업을 펼치고 있다.

▶ 알리바바 오프라인 점포 투자 내역

알리바바	썬아트리테일 (2017.11) 지분 36.16% 약 3조 원에 매입
	바이리엔그룹 (2017.2) 파트너십 체결
	허마셴셩 (2016) 첫 투자
	인타임 (2017.1) 지분 74% 투자
	쑤닝 (2015.8) 지분 20% 투자, 2대 주주
	리엔화수퍼마켓 (2017.5) 지분 18% 투자
	신장쇼핑클럽 (2016.11) 지분 32% 투자

자료: 이베스트투자증권 리서치센터

우리가 한국 온라인 식료품 시장의 선두주자: 대형마트, 플랫폼!

한국은 대형마트 업체들이 먼저 나서기 시작했다. 이마트는 2014년 용인에 온라인 주문을 처리하기 위한 전용 물류센터를 건립했다. 이어 2016년에는 김포에 2호 센터를 오픈했고, 신선식품 온라인 시장이 성장함에 따라 2019년에는 김포에 3호 센터를 추가로 건립했고 지속적으로 수용능력을 확충할 계획이다. 롯데마트도 2016년 김포에 온라인 전용 물류센터를 마련했다.

한편 티몬과 위메프도 슈퍼마트, 신선생 등의 서비스를 론칭하고 마켓컬리, 쿠팡 프레시 등의 서비스가 생겨나자 빅테크 플랫폼 업체들도 이 시장의 성장성에 대해 인지하게 되었다. 네이버도 2020년 2월 생필품 위주의 쇼핑 기능인 '특가창고'를 오픈해 온라인 슈퍼마켓 시장에 본격적으로 뛰어들었다. 8월에는 마트, 슈퍼, 시장까지 다양한 스토어의 상품을 한 번에 구매할 수 있는 '네이버 장보기' 서비스도 론칭했다. 마찬가지로 배달 앱으로 사업을 시작했던 배달의민족은 'B마트'를 론칭하면서 온라인 슈퍼마켓 시장에 진입했다. 소량으로 구매 가능하고, 30분~1시간 내 배송을 내세우며 배송 시간을 더욱 단축시키고 있다.

다만 앞서 언급한 대로 이 시장에 실제로 진입했다가 쓴맛을 본 업체들도 적지 않다. 위메프의 신선생과 원더배송, 티몬의 슈퍼배송, 배민의 배민찬 등이 야심차게 시작했다가 사업을 접거나 축소했다. 오래도록 농축수산품을 소싱해온 대형마트와 달리 이들은 소싱 노하우가 아직까지는 없고, 점포 물류 등의 인프라가 확보되지 않았기 때문이다. 이에 온라인 기반 업체들은 오프라인 업체들과의 협업도 늘려나가고 있다.

▶ 축소/종료된 이커머스 신선식품 서비스

서비스명	로고	론칭 시기	종료 시기	서비스 내용
위메프 '신선생' 종료	신선생	2016.11	2018년 초	· 신선식품 직매입 서비스 · 론칭 1년 만에 판매수량 31만 개, 구매자 12만 명 달성하며 10배 이상 성장
위메프 '원더배송' 축소	원더배송	2016.10	-	· 공산품 직매입 서비스 · 오후 10시 이전 주문시 당일출고 · 위메프가 직접 매입해 출고
티몬 슈퍼마트 '슈퍼배송' 종료	슈퍼마트 슈퍼배송	2016	2019.08	· 신선식품 직매입 서비스 · 익일배송 & 묶음배송 서비스 · 신선상품 안전배송 보장
티몬 슈퍼마트 '슈퍼예약배송' 종료	슈퍼예약배송	2016	2019.06	· 주문 시 3시간 이내 배송 준비 · 배송은 예약시간에 맞춰 발송
우아한 형제들 '배민찬 (舊 배민프레시)' 종료	배민 FRESH by 배달의민족	2013	2019.02	· 반찬/요리 새벽배송 및 정기배송 서비스 제공 · 오후 1시 이전 주문 시 다음 날 새벽 수령 보장

자료: 각 사, 이베스트투자증권 리서치센터

특히 장보기라는 활동은 1)소득에 상관없이 2)반복적으로 일어나는 소비다. 나의 연봉이 2,000만 원이든, 2억 원이든 먹고 살기 위해서 장은 봐야 한다. 그러므로 다른 이커머스 업태 대비 Lock-in 효과가 강하게 나타날 수 있는 분야고, 이러한 점이 온/오프라인 유통업체뿐만 아니라 플랫폼 업체들까지 이 시장에 눈독들이게 하는 이유다.

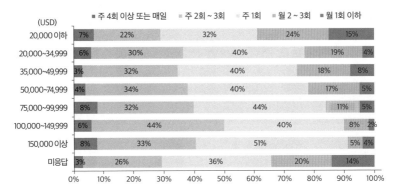

▶ 소득에 상관없이 재구매가 활발한 음식료품 쇼핑

(USD)	■ 주 4회 이상 또는 매일	■ 주 2회 ~ 3회	▨ 주 1회	▨ 월 2 ~ 3회	■ 월 1회 이하
20,000 이하	7%	22%	32%	24%	15%
20,000~34,999	6%	30%	40%	19%	4%
35,000~49,999	3%	32%	40%	18%	8%
50,000~74,999	4%	34%	40%	17%	5%
75,000~99,999	8%	32%	44%	11%	5%
100,000~149,999	6%	44%	40%	8%	2%
150,000 이상	8%	33%	51%	5%	4%
미응답	3%	26%	36%	20%	14%

자료: Statista, 이베스트투자증권 리서치센터

새벽에 일찍 출발한 트럭이 시장을 잡는다, 새벽배송 시장의 폭풍 성장!

온라인 식료품 시장이 커지면서 함께 성장하는 분야가 새벽배송이다. 이는 한국의 마켓컬리가 대표적으로 선보인 서비스로, 외신에서도 Dawn Delivery(새벽배송)라는 이름으로 불리며 첨단 배송 형태로 소개되고 있다. 새벽은 교통량이 적기 때문에 배송 차량들이 길에서 낭비하는 시간이 적다. 그래서 고객들이 밤 11시까지 주문하면 다음 날 받아볼 수 있게 하는 익일배송 구현이 가능했다. 이에 질세라 쿠팡도 2018년 10월부터 멤버십 서비스 로켓와우클럽 가입자를 대상으로 새벽배송 서비스인 로켓프레시를 론칭했다. 2018년 하반기부터 실적 부진의 폭이 유난히 커진 이마트도 결국 2019년 7월부터 새벽배송을 시작했다. 새벽배송의 원조인 마켓컬리가 밤 11시까지 주문 시 배송해준다면, 이마트는 한 발 더 나아가 12시까지 주문하면 다음 날 새벽 3시부터 6시 사이에 배송을 완료해주고 있다. 이처럼 온라인 음식료품 시장에서 굳이 새벽에 배송하는 것이 확대되고 있는 이유는 무엇일까?

▶ 새벽배송 시장 규모 추이

(억원)

연도	규모
2015	100
2016	340
2017	1,900
2018	4,000
2019	8,000

자료: 농촌진흥원, 이베스트투자증권 리서치센터

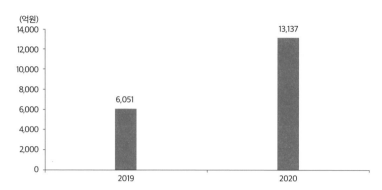

▶ 식품 새벽배송 전문몰 연간 결제금액 추이

(억원)

13,137

6,051

2019　　　2020

자료: 와이즈앱, 이베스트투자증권 리서치센터

대답은 간단하다. 배송되는 상품이 음식료품이기 때문이다. 신선식품은 문 앞이나 경비실이 아니라, 구매한 고객에게 직접 전달되면 가장 좋다. 고객이 수령하기까지 많은 시간이 걸리면, 그동안 식품이 상할 수 있는 위험이 있기 때문이다. 따라서 문 앞에 냉장고를 설치하지 않는 한, 집에 사람이 있는 시간에 택배를 직접 받게 하는 것이 가장 바람직하다.

"마켓컬리의 신화는 문 앞에 냉장고가
설치되는 그날까지 계속될 것이다!"

이 단순한 논리가 새벽에 배송이 이루어지는 이유다. 새벽에는 다들 자느라 집에 있기 때문이다. 물론 막 받은 식재료로 아침을 만들어 먹을 수 있다는 점도 한 가지 이유겠지만 앞서 언급한 이유가 더 설득력 있다. 고객이 직접 받아서 냉장고에 넣어 놓고 나올 수 있게 하는 것은 새벽에 가능하고, 따라서 온라인 신선식품 시장이 커지면서 함께 커질 수밖에 없는 분야다.

향후 식품 소비의 온라인 비중이 키져 모든 가구가 적어도 1~2주일에 한 번 온라인으로 장을 본다면, 십수 년 뒤 대형아파트 단지에는 냉장/냉동 택배함이 기본적으로 설치되지 않을까? 또는 가정용으로 문 앞에 둘 수 있는 잠금장치가 달린 조그마한 냉장고가 생길 수도 있다. 실제로 2020년 3월 GS리테일이 운영하는 편의점 GS25가 냉장택배 무인 보관함 BOX25를 선보이기도 했다. 서비스 초기에는 강남과 송파 일대 50여 개 편의점에서 서비스를 제공했는데, 2020년 11월에는 코로나19에 따른 비대면 선호 현상으로 1,000여 개까지 늘어난 것으로 파악된다. 이러한 현상이 자연스러워지고 일상이 되는 때가 오면 새벽배송은 사라질 것이다. 다만 온라인 식료품 시장이 이제 막 태동되고 있는 현 시점에서 새벽배송은 향후 5년간 매우 확대될 공산이 크다.

상상보다 더 빨라지고, 더 작아질 것: 온라인 식료품!

▶ 대형마트 유통 채널 변천 과정

	Offline			Online	
	전통 시장	대형마트 (이마트, 롯데마트, 홈플러스)		대형마트 자사몰	B마트
		Mom & Pop	SSM	로켓프레시 마켓컬리 오아시스마켓	편의점 배달 (요기요)
장바구니 Size	점점 작아짐				
배송 시간		근거리 배송	근거리 배송	점점 짧아짐	
		배송마감시간 有			
무료배송 기준 금액		3만 원 이상 근거리 가능	2~3만 원 이상 도보고객 비중 높은 일부 점포	3~4만 원 이상	1만 원 이상 (주문 최소금액 5,000원)
배송인력	배달 없음	자체 고용 인력	전담 배달 사원	사륜차 배송	이륜차 배달대행 인력

자료: 이베스트투자증권 리서치센터

04

공룡 플랫폼 업체들의
커머스 진입 가속화

이 세상 최초의 전화기 가격은 얼마였을까?

이 세상에서 전화기를 맨 처음으로 돈을 주고 구매한 사람은 누구였을까? 어쩌면 멍청한 사람일지도, 아니면 대단한 인사이트를 가진 사람일지도 모르겠다. 전 세계에 단 1대 존재하는 전화기의 가치는 0이다. 전화기의 역할은 연결을 만들어내는 것인데, 전화기가 1대밖에 없다면 만들어낼 수 있는 연결의 수가 하나도 없기 때문이다. 흥미로운 점은 세상에 존재하는 전화기 수가 늘어날수록, 그 전화기들이 만들어낼 수 있는 연결의 개수는 기하급수적으로 증가한다는 것이다. 이더넷(Ethernet)을 발명한 미국의 전기공학자 로버트 멧카프(Robert Metcalfe)가 주장한 네트워크 효과를 설명할 때 가장 많이 회자되는 예시다.

아래 그림에서 나타나듯, 전화기가 2대일 때는 1개의 연결이 가능하지만, 전화기 개수가 5개로 2.5배 늘어나면 10배의 연결이 만들어진다. 12개로 6배 늘어나면 66배 개수의 연결이 만들어진다. 1980년 멧카프는 네트워크를 통해 연결되는 참여자의 수가 늘어나면 늘어날수록 각자에게 더 많은 가치가 돌아가고 플랫폼의 가치 또한 상승한다는 개념을 주장했다. 그는 통신 네트워크가 확장될 때 그 구축비용은 이용자 수에 선형으로 비례해 증가하지만, 네트워크의 가치는 이용자 수가 증가할수록 비선형적으로 증가하며 이에 따라 더 많은 연결을 만들어낸다고 봤다. 이용자 수가 n일 시 이용자당 가치는 $n-1$(전화기 1대가 본인 제외 연결할 수 있는 수)가 된다. 전체 네트워크 가치는 이용자 수와 이용자당 가치로 나타낼 수 있으므로, 수식으로는 $n(n-1)$가 된다. 즉, 네트워크 전체 가치는 가입자 수가 늘어날 때마다 기하급수적으로 늘어나는 볼록 성장(Convex Growth)을 띠게 된다.

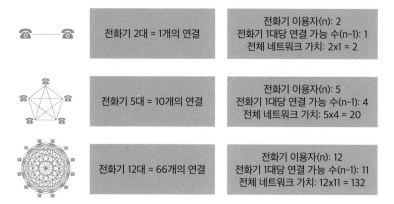

▶ 멧카프의 법칙: 네트워크 효과

	전화기 2대 = 1개의 연결	전화기 이용자(n): 2 전화기 1대당 연결 가능 수(n-1): 1 전체 네트워크 가치: 2x1 = 2
	전화기 5대 = 10개의 연결	전화기 이용자(n): 5 전화기 1대당 연결 가능 수(n-1): 4 전체 네트워크 가치: 5x4 = 20
	전화기 12대 = 66개의 연결	전화기 이용자(n): 12 전화기 1대당 연결 가능 수(n-1): 11 전체 네트워크 가치: 12x11 = 132

자료: 이베스트투자증권 리서치센터

이를 명확하게 반영하는 것이 소위 '빅테크 플랫폼'들의 기업 가치다. 많은 사람들이 모여 있고 사용하는 제품(예: 전화기)이나 서비스(예: 메신저)는 다른 사람들에게도 효용이 높다고 생각되기 때문에 더 많은 사람들이 몰리게 되고, 이는 그 플랫폼의 가치를 상승시킨다. 예를 들어 한국인들이 채팅 앱 중 카카오톡을 가장 많이 쓰는 이유는 네이버의 라인(LINE)보다 뛰어나서라기보다, 이미 많은 사용자가 있기 때문에 그 네트워크를 사용할 때의 가치가 크기 때문이다. 이에 플랫폼 업체들은 거대한 트래픽을 바탕으로 더 좋은 여러 가지 서비스를 제공할 수 있고, 그 좋은 서비스가 또 다시 더 많은 사용자들을 부르는 선순환 구조를 구축할 수 있게 된다. 그렇기 때문에 트래픽을 선점하는 것은 강력한 경쟁력으로 작용한다.

이는 아마존이 성공한 비법으로 알려져 있는 플라잉휠(Flying Wheel) 모델과 일맥상통한다. 고객 경험을 개선하면 많은 고객들이 유입되고, 그 고객들을 상대로 물건을 팔기 위해 더 많은 판매자들이 유입되고, 이를 통해 아마존은 판매하는 상품군을 더더욱 늘릴 수 있으며, 이는 다시 고객들로 하여금 편리함을 높여다시 고객들을 유입시킨다. 부가적으로는 더 낮은 비용 구조를구축할 수 있어 더 저렴한 가격을 고객에게 제공할 수 있고, 이는또다시 고객 경험 개선의 선순환 고리로 이어진다. 또한 플랫폼업체들이 거대한 트래픽을 기반으로 어떤 사업이든지 다양하게확장해나갈 수 있다는 점도 경쟁력이다.

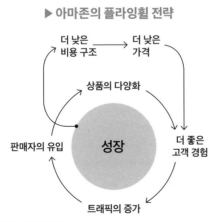

▶ 아마존의 플라잉휠 전략

자료: 이베스트투자증권 리서치센터

유통업체들이 부르는 동요: 우리집에 왜 왔니

막강한 트래픽을 기반으로 플랫폼 업체들은 이커머스에 진입 중이다. 유통업체 입장에서는 전래동요 '우리집에 왜 왔니'를 부르고 싶을 정도다. 가뜩이나 성장이 정체되어 있는데다, 온라인 공격까지 이어지는데 또다른 경쟁자가 유입이 되고 있기 때문이다. 돌이켜보면 플랫폼 업체들의 사업 초기 서비스들은 다양하다. 페이스북이나 인스타그램처럼 SNS로 시작한 회사도 있고, 네이버처럼 검색 포털로 시작한 회사도 있으며, 틱톡과 같은 동영상 콘텐츠도 있을 것이다. 다만 공통점은 이들이 초기 서비스를 통해 확보한 트래픽을 바탕으로 다양한 사업에 진출하고 있다는 점이고, 그중 하나가 이커머스다.

인스타그램은 2017년 미국에서 쇼핑 태그 기능을 추가했고, 2018년에는 한국에서 선보였다. 페이스북도 2019년 5월 미국과 일부 유럽 국가에서 페이스북 샵스(Shops)라는 온라인 상점 개설 서비스를 오픈했으며, 이듬해에는 한국을 포함 아시아 8개 지역 국가로 확대하여 출시했다. 틱톡도 2020년 6월 내부에 전자상거래 사업부를 신설했다.

이 점에서는 한국도 다르지 않다. 네이버와 카카오가 대표적
이다. 네이버는 2018년 11월 모바일 앱을 개편하면서 커머스를
중요한 사업 부문 중 하나로 격상시킨 바 있다. 당시 네이버는 뉴
스 검색 비중을 낮추고 커머스를 강화하려는 움직임을 보였는
데, 가장 먼저 실행했던 것은 모바일 화면 개편이었다. 기존 모바
일앱 메인 화면을 차지했던 뉴스는 두 번째 화면으로 이동하고
(오른쪽), 왼쪽 화면은 쇼핑과 네이버페이가 차지하는 형태로 변
경했다. 이는 기존 세 번을 스크롤해야 등장했던 쇼핑 화면이 첫
화면에서 왼쪽으로 한 번만 넘기면 나오도록 변경된 것이다. 더
불어 코로나19로 비대면 소비가 확산되자, 네이버는 여러 서비스
를 론칭하며 유통업의 전반적인 분야에 발을 넓혀왔다.

▶ 네이버 이용자 방문 목적 지표

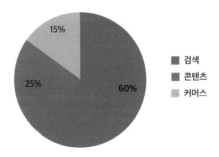

자료: NAVER, 이베스트투자증권 리서치센터

카카오 또한 2018년 12월 카카오커머스를 분사한 이후, 2020년에는 카카오IX의 리테일 부문(선물하기, 쇼핑하기)을 분할해 카카오커머스와 합병하는 작업을 완료했다. 카카오커머스의 2020년 거래액은 전년 대비 64% 증가했으며, 2021년에는 카카오톡 앱 내 흩어져 있던 선물하기, 쇼핑하기, 메이커스, 쇼핑라이브, 스타일을 한곳에 모은 '카카오쇼핑' 탭을 론칭하기로 결정했다.

"거대 플랫폼 네이버와 카카오도 이커머스에 발을 들이다!"

두 업체 모두 검색 포탈과 메신저라는 강력한 트래픽이 있어 소비자들을 유입시키고 있고, 이를 통해 쇼핑 거래액과 자사 페이먼트 결제액을 늘리는 선순환 구현이 목표인 것이다. 풍부한 소비자 트래픽을 기반으로 외부 판매자(third-party seller)를 유입시키고, 판매자와 소비자를 보다 정교하고 편리하게 연결하고, 데이터를 통해 구매전환율과 재구매율을 늘리고, 구매 거래액을 증대시켜 광고수익 또한 늘리겠다는 전략이다. 또한 이 과정에서 자사 결제 시스템으로 수반되는 수익도 기대할 수 있다.

▶ 인터넷 플랫폼 기업: 이커머스 Ecosystem

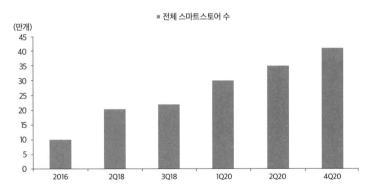

자료: 이베스트투자증권 리서치센터

▶ 네이버 스마트스토어 추이

■ 전체 스마트스토어 수

(만개)

자료: 네이버, 이베스트투자증권 리서치센터

네이버 연합군 만들기 프로젝트 가동

네이버는 이커머스 강화를 위한 발판을 차근히 마련해왔다. 2018년 커머스 강화를 발표한 후, 가장 먼저 나타난 변화는 네이버쇼핑 내 다양한 서비스를 론칭한 것이다. 먼저 2020년 2월 생필품 위주의 쇼핑 기능인 '특가창고'를 오픈해 온라인 슈퍼마켓 시장에 본격적으로 뛰어들었다. 3월에는 '브랜드 스토어'를 오픈했고, 구찌, 디즈니, 코치, 뱅앤올룹슨 등 100여 개의 유명 브랜드들이 입점을 완료했다. 또한 8월에는 네이버 장보기 서비스를 통해 온라인 식료품 시장에 진출했고, 쇼핑 라이브를 론칭해 라이브 커머스 사업을 시작했다. 이처럼 브랜드 스토어(백화점), 특가창고와 장보기를 통해 대형마트와 슈퍼마켓, 라이브 커머스를 통해 홈쇼핑, 그리고 스마트스토어를 통해 오픈마켓과 유사한 포지셔닝을 마련했다. 그야말로 유통의 전 분야로 영역을 확장하여 나가는 모습이다. 그리고 이러한 움직임은 코로나19가 확산하며 비대면 소비 선호 현상이 널리 퍼지기 시작한 2020년에 두드러지게 나타났다.

네이버 쇼핑 서비스	내용	기존 유통업체 포지셔닝
브랜드 스토어	유명 브랜드, 대기업 직접 입점 쇼핑 플랫폼	백화점
특가창고, 네이버 장보기	생필품 할인 및 온라인 장보기 플랫폼	대형마트, 슈퍼마켓
라이브 커머스	실시간 라이브 영상 쇼핑 플랫폼	홈쇼핑
스마트스토어	중·소상공인 셀러 쇼핑 플랫폼	오픈마켓 및 롱테일 이커머스

자료: 이베스트투자증권 리서치센터

이와 더불어 스마트스토어 셀러들을 위한 투자도 지속했다. 네이버는 2020년 3월 풀필먼트 스타트업 위킵에 투자했고, 같은 달 풀필먼트 서비스 품고를 운영하는 두손컴퍼니에도 투자했다. 이어서 동대문 패션 B2B 플랫폼 신상마켓, 5월에는 물류 스타트업 FSS(Fulfillment Sharing Service)에 투자를 발표했다. 같은 해 8월에는 또다른 신선식품 물류에 특장점을 가진 풀필먼트 스타트업 아워박스에도 투자를 집행하며 풀필먼트와 관련한 포트폴리오를 빠르게 늘리고 있다. 이러한 투자를 통해 스마트스토어 셀러들이 소싱에서부터(신상마켓), 배송 및 물류, 고객 서비스(CS)까지 원스톱에 가능할 수 있도록 판을 짜나가는 모습이다.

2020년 10월에는 CJ그룹과도 전략적 파트너십을 체결하고, CJ대한통운과 3,000억 원 규모의 자사주를 스왑하며 손을 잡았다. 양사는 이커머스 혁신을 위한 풀필먼트 사업을 공동으로 추진할 계획을 밝혔으며, 수요 예측, 물류 자동화, 재고 배치 최적화, 자율주행, 물류 로봇 등 '스마트 물류 체계'를 구축할 예정이다. 이커머스 시장 내 경쟁력으로 배송이 부각되고 있고, 이커머스 성장은 택배 물동량 증가와 궤를 같이 하고 있기 때문에 양사의 협업은 업계의 주목을 받았다.

2021년 3월에는 이마트와의 2,500억 원 규모 지분 교환도 결정했다. 이마트-네이버 지분 교환으로 온/오프라인 판매 + 오프라인 물류 거점화 + 라스트 마일 배송까지 이커머스 업계 내 완전체 모델을 완성하는 최초 사례가 될 것으로 전망된다. 온라인 커머스 업체의 약점은 1)물류 거점으로 활용할 점포나 부지 확보가 쉽지 않다는 것과 2)라스트 마일 배송 인프라의 부재인데, 이를 네이버가 이마트, CJ대한통운과의 협업으로 갖출 수 있다고 판단하기 때문이다. 이와 동시에 이마트는 네이버의 풍부한 트래픽을 기반으로 온라인 장보기 시장에서의 우위를 확보하고,

역시 라스트 마일 배송단의 우군을 안정적으로 마련할 수 있을 것으로 전망된다.

"네이버가 이커머스 시장을 공격하기 위해

CJ대한통운, 이마트와 손을 잡다!"

이처럼 네이버는 여러 서비스를 통해 유통 내 다양한 업태들을 커버하겠다는 심산으로 판단되며, 이 안에서 경쟁력을 갖추기 위해 필요한 부문들에 투자를 단행하면서 우군들을 모으고 있다. 더불어 결제 수단인 네이버페이로 소비자들의 편의를 도모하고, 이를 통한 구매/판매 데이터를 수집하고 가공해 더욱 정교한 추천과 개인화 쇼핑을 만들어내려는 움직임이다.

▶ 네이버의 네트워크 효과: 커머스 측면

NAVER

자료: 이베스트투자증권 리서치센터

선물하기는 기본이고 이젠 한 발 더 앞으로, 카카오!

카카오커머스는 1)선물하기, 2)톡스토어, 3)메이커스, 4)쇼핑 라이브 등의 서비스로 구성되어 있는데, 거래액 중 가장 비중이 높고 월간 사용자 수도 많은 부문은 선물하기로 추정된다. 카카오커미스의 거래액은 2020년 약 5조 원 수준으로 추정돼 네이버와 비교하면 다소 작다. 이에 카카오커머스는 4가지 서비스를 통합해 '카카오쇼핑' 탭으로 신설할 계획이며, 이는 카카오톡의 메인 탭 자리에 추가될 예정으로 커머스 강화에 대한 동사의 의지를 확인할 수 있다.

카카오는 2021년 3월 이베이코리아 인수 후보로도 거론되었으나, 예비입찰에 불참하면서 인수전에 참여하지 않기로 결정되었다. 이베이코리아는 G마켓과 옥션을 운영하고 있는데, 2020년 3월 미국 이베이 본사가 이베이코리아의 지분 100%를 매각 추진하는 것으로 알려졌었다. 당시 매각가는 약 5조 원으로 예상되었으며, 안정적으로 이익을 내는 회사지만 이커머스 내 경쟁이 심화하고 있어 성장폭은 둔화하는 모습이었다. 이에 5조 원이라는 금액은 다소 부담스럽다는 시각이 많았다.

이러한 시각이 바뀌기 시작한 것이 2021년이다. 3월 쿠팡의 뉴욕증권거래소 상장에 따라 이커머스 사업에 대한 재평가 및 키맞추기에 대한 의견 일치가 나타났으며, 이에 카카오도 인수가 가능한 후보로 꼽히기 시작했다. 사실 기존 유통업체들이 이베이코리아를 인수했을 때는 시너지 측면에서 고민해야 할 부분이 많았을 것이다. 단순히 몸집을 키우는 데 불과할 수 있기 때문이다. 다만 카카오가 커머스를 성장 동력으로 삼은 상태고, 이베이코리아를 인수하게 되면 20조 원에 가까운 트래픽을 확보하면서 시장 후발주자임에도 불구하고 유리한 위치를 점할 수 있다는 측면에서 인수를 점치는 시각이 많았다. 그럼에도 불구하고 카카오톡 기반의 커머스 서비스와 오픈마켓 형태의 시너지에 대한 고민이 있을 것이다. 이에 카카오의 향후 커머스 강화를 위한 전략에 대해 귀추가 주목되는 바다.

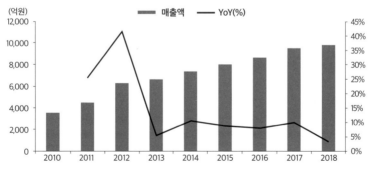

▶ 이베이코리아 실적 추이

자료: 이베이코리아, 이베스트투자증권 리서치센터

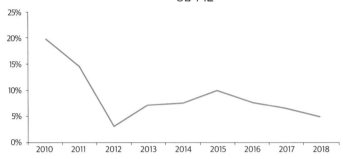

▶ 이베이코리아 영업이익률

자료: 이베이코리아, 이베스트투자증권 리서치센터

사업 확장은 우리의 주특기, 페이스북!

2020년 말 기준 페이스북의 전 세계 월 평균 이용자 수는 28억 명이다. 이는 전 세계 인구의 36% 수준이다. 이 거대 플랫폼의 수익 모델은 그동안 광고였는데, 최근 수익 모델을 다각화하기 위해 커머스로의 진입도 빠르게 진행되고 있다. 2020년 5월 페이스북은 미국과 일부 유럽 국가에서 페이스북 샵스 기능을 출시했다. 이는 네이버의 스마트스토어와 비슷하게 페이스북 내에서 상점을 개설하고 홍보, 판매할 수 있게 하는 서비스다. 국내에는 6월에 도입되었는데, 전자상거래 플랫폼으로 잘 알려진 카페24가 파트너로 선정되면서 카페24의 주가가 요동친 적도 있다. 이와 더불어 2020년 11월에는 고객 서비스 플랫폼/챗봇 소프트웨어 개발업체 커스터머를 인수하며, 페이스북 샵스 셀러들을 위한 기능 확보를 차근히 진행하고 있다.

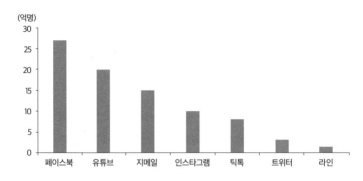

▶ 플랫폼별 사용자 수(MAU 기준)

자료: 각 사, 이베스트투자증권 리서치센터

페이스북은 자사 플랫폼 외에 2012년 인수한 인스타그램에도 2018년 6월 초 쇼핑 기능을 추가했다. 이는 비즈니스 계정 인스타그램 게시물 내의 상품을 태그해 상품명과 가격정보를 볼 수 있게 하는 기능이었고, 태그된 상품 클릭 시, 해당 계정이 연결시킨 구매 웹페이지로 이동해 상품을 살 수 있었다. 이후 2019년에는 In-App 결제 기능 베타 테스트도 시작했다.

2019년 3월에 인스타그램 대표 애덤 모세리가 방한하였는데,

이때 열린 기자 간담회에서 쇼핑 플랫폼을 강화할 계획이라 밝히기도 했다. 실제로 2020년 10월 인스타그램은 IGTV를 통한 인스타그램 쇼핑 서비스의 확장 계획을 발표했으며, 이어 2020년 11월에는 쇼핑탭을 메인 탭에 추가해 일부 이용자들의 반발을 사기도 했다. 이에 굴하지 않고 릴스라는 숏폼 서비스를 론칭하면서 동영상 안에서 노출된 상품들을 바로 구매할 수 있도록 하며 쇼핑에 공을 들이고 있다.

동영상 플랫폼의 강자인 우리가 빠질 순 없지, 유튜브!

유튜브 또한 마찬가지로, 2020년 '쇼핑 익스텐션(Shopping Extension)' 서비스의 시범 운영을 시작하면서 동영상 콘텐츠와 쇼핑 기능을 연결하기 시작했다. 해당 채널의 동영상을 보면서 SHOP NOW 버튼을 누르면 해당 상품의 가격과 정보를 볼 수 있는 카탈로그 페이지로 연계되는 기능이다.

또한 2020년 10월 블룸버그 보도에 따르면 유튜브는 전자상거래로 영토를 확장하기 위한 실험을 하는 중이다. 유튜브 영상에서 보여지는 상품들을 구분하고, 이에 태그를 붙이기 위해 유튜브가 일부 크리에이터들에게 별도의 유튜브 소프트웨어를 사용해달라는 요청을 했다고 전해졌다. 이를 통해 유튜브에 업로드된 영상들은 방대한 양의 카탈로그처럼 활용될 것이고, 이 안에서 바로 구매를 할 수 있게 구현하기 위해 북미 쇼핑몰 플랫폼 업체 쇼피파이(Shopify)와도 협력을 할 수 있다고 블룸버그는 덧붙였다. 유튜브는 풍부한 사용자수와 강력한 Lock-in 효과가 있음에도 이커머스에서는 가장 소극적인 위치에 있었던 플랫폼이다.

그동안 알파벳은 구글 쇼핑 등을 론칭하며 이커머스 진입을 여러 번 시도한 바 있었지만 큰 성공을 거두진 못했고, 이에 광고 수익 위주로 꾸준히 사업을 영위해왔다. 다만 코로나19로 인해 많은 사업체들이 어려움을 겪으며 광고를 줄였고, 구글의 경쟁자들은 온라인 시프트에 대응하기 위해 다들 이커머스 기능을 강화하기 시작했다. 이러한 측면에서 알파벳도 이커머스 진출에 박차를 가하고 있다.

이커머스? 이제 우리 모두의 리그야!

과거 이커머스 업체들은 오프라인 대비 저렴한 가격을 주요 포인트로 내세우며 오프라인 유통업체들의 파이를 빼앗아왔다. 다만 현재는 SNS 플랫폼이나 동영상 플랫폼들도 간접적으로 이커머스 기능을 할 수 있게 되었다. 플랫폼 업체들은 IT 기술을 기반으로 사업을 영위하고 있기 때문에, 이러한 기능들을 추가하는 일이 그다지 어렵지 않다. 이에 지속적으로 경쟁자들은 유입될 것이다.

이러한 경쟁 구도에서 강점을 가지려면 결국엔 신속한 배송, 상품의 차별화, 편리한 결제 등으로 승부해야 한다고 전망한다. 소비자의 입장에서 생각해봐도 마찬가지다. 같은 상품을 여러 군데서 판매하고 있으면, 배송이 가장 빠른 곳에서 주문할 공산이 크다. 딴 곳에서 팔지 않는 상품을 어느 한 곳에서만 판매한다면, 그 플랫폼에서 구매할 수밖에 없을 것이다. 그리고 소비자는 이왕이면 복잡하지 않고 간편하게 결제할 수 있는 플랫폼을 선호할 것이다. 데이터를 기반으로 신박한 추천을 제안해 구매를 이끌어내는 것도 중요하지만 온라인 쇼핑의 고객 경험은 위에서 서술한 3가지가 핵심이다.

"领导力在顺境的时候 每个人都能出来

只有在逆境的时候 才是真正的领导力"

"리더십은 환경이 순조로울 땐 누구나 다 발휘할 수 있다.

그러나 진정한 리더십은 역경일 때 비로소 나온다."

-마윈(알리바바그룹 前회장)

PART 3

THE RETUR

리테일 혁명, 유통의 귀환을 꿈꾸다

OF RETAIL

01

외로운 쇼핑의 미래

왜 카트에 담았다가, 뺐다가, 다시 담아야 할까?

대형마트에서 장보는 장면을 떠올려보자. 카트에 상품을 골라서 싣고, 계산을 위해 카트에서 꺼낸다. 그리고 차량에 가져가기 위해 다시 카트에 싣고, 주차장으로 향한다. 이후 차량 트렁크에 싣기 위해 또 다시 카트에서 꺼낸다. 네 번이나 실었다 꺼냈다를 반복한다. 카트에 실었던 것을 그대로 가지고 나갈 수는 없을까? 쇼핑한 물품이 소량이라면 직접 들고 가져갈 수 있지만, 대형마트는 1)몇 주에 한 번씩, 2)차를 가지고, 3)장을 보러 가는 곳이다. 대부분 카트가 가득찰 수밖에 없고, 이에 따라 위에서 묘사한 것처럼 계산하는 데 많은 시간이 소요된다. 유통업체들이 무인 계산대를 통해 이 과정을 빠르게 만드려는 노력을 기울이는 이유다.

무인 계산대는 초기 비용이 많이 들지만, 최저임금에 영향을 받지 않고 병이 나지도 않으며 전기만 연결되어 있다면 24시간 일해준다. 무인 매장이 유통업체에게 주는 효용은 자명하다. 매장 안의 인력이 필요하지 않으므로 비용이 절감된다는 것이다. 중국의 무인편의점업체 빙고박스 설립자 천쯔린은 파이낸셜 타임즈와의 인터뷰에서 이렇게 말하기도 했다. "역사를 통틀어, 직업들은 항상 사라졌습니다. 대장장이라는 직업을 지금은 찾아볼 수 없잖아요? 왜냐하면 그 직업은 더 이상 아무런 가치가 없기 때문입니다."

이처럼 계산원이라는 직업은 유통업 내에서 점차 사라지고, 무인 계산대 또는 무인 점포를 통한 결제가 확산될 것으로 전망한다. 2019년 5월 기준 미국 내 계산원(Cashier)으로 고용된 사람들은 360만 명에 달한다. 연간 평균 임금 또한 24,400달러로 낮지 않다. 슬픈 이야기지만 유휴인력을 없애고 점포 운영비용을 낮추려는 기업들의 시도가 나타날 것으로 전망한다. 예전보다 오프라인 점포의 트래픽이 줄어들면서, 점포에서 기본적으로 소요되는 각종 비용을 커버하기에 충분한 매출액을 만들어내지 못하고 있기 때문이다.

▶ 미국 내 계산원(Cashier)으로 고용된 사람은 347만 명

Occupation	Employment (명)	Annual mean wage(달러)	% of total employment
소매 판매원	4,612,510	26,340	3.3%
계산원	3,478,420	20,990	2.5%
식당 종업원	3,216,460	19,710	2.3%
일반 사무원	2,944,420	31,890	2.1%
간호사	2,745,910	71,000	2.0%
고객 상담원	2,595,990	34,560	1.9%
웨이터/웨이터리스	2,505,630	23,020	1.8%
화물운송원	2,487,680	27,840	1.8%
비서	2,281,120	35,200	1.7%
수위/건물관리인	2,146,880	26,180	1.6%
일반 관리직	2,145,140	119,460	1.6%
재고 관리 사무원	1,934,060	25,940	1.4%
중대형 트럭 운전사	1,678,280	42,500	1.2%
부기/회계/감사 사무원	1,580,220	38,990	1.1%
지원부서의 일선 관리자	1,424,450	56,170	1.0%

자료: US Bureau of Labor Statistics, 이베스트투자증권 리서치센터

무인 점포를 향해 계산대는 진화 중

무인 계산대에는 여러 가지 종류가 있는데, 1)바코드·QR코드 계산대, 2)RFID(Radio Frequency Identification, 무선 주파수 인증) 계산대, 3)컴퓨터 비전 계산대로 구분할 수 있다. 이 중 컴퓨터 비전은 가장 편리한 대신 가장 높은 수준의 기술을 요구한다. 이들의 차이점은 무엇일까? 1)과 2)는 바코드, QR코드 또는 RFID 태그 등으로 상품을 인식시키는 과정이 필요하지만, 3)은 아마존고처럼 물건을 집어서 나가기만 하면 되는 형식이다. 즉 계산 프로세스가 완전히 사라지는 진정한 의미의 무인 점포는 컴퓨터 비전 형태라 볼 수 있다.

QR코드 계산이나 바코드 계산은 매우 간단하다. 점원이 계산대에서 물품을 찍는 것과 마찬가지로, 고객이 직접 바코드나 QR코드를 읽어서 계산하는 방식이다. 이는 도입하기 가장 쉬운 형태인데, 그도 그럴 것이 기존 점원이 사용하는 계산대와 동일하지만 점원의 역할을 고객에게 전가한 것에 불과하기 때문이다. 통상 한국에서는 SCO(Self-Check Out)으로 불리고도 있다. 점포 규모에 따라 다르긴 하지만 대체로 대형마트에는 이러한 계산대가 6~7대 정도 설치되어 있고, 편의점에는 좀 더 작은 사이즈로 설치되어 있다. 이는 비용이 상대적으로 높지 않다는 장점이 있지만, 셀프 계산 과정이 익숙치 않은 고객들에게는 어려움을 줄 수도 있다.

바코드나 QR코드에 비해서 리더기에 읽히는 작업이 좀 더 수월한 것은 RFID 형태다. RFID를 통하면 리더기의 근거리 접근 없이도, 원거리에서 주파수를 통해 정보를 전달할 수 있다. 일본에서 도입되고 있는 파나소닉의 레지로보가 그 예다. 흥미롭게도 일본은 일할 사람이 부족해 무인 점포 도입이 가속화하고 있다. 고령화와 저출산 때문이다. 실제로 일본의 생산가능인구(만 15~64세)는 1995년 8,720만 명에서 2015년 7,720만 명으로 약 1,000만 명이나 감소했다. 일본 경제산업성에 따르면 유휴노동인구가 빠른 속도로 감소하면서 오는 2030년에는 2015년 대비 735만 명의 노동인구가 사라질 것이라는 관측도 나왔다. 이를 극복하기 위해 2017년 4월 일본 경제산업성과 일본 5대 편의점업체는 2025년까지 모든 점포에 무인 계산대를 도입하겠다고 밝혔고, 계산에 필요한 인력을 기계로 대체하는 작업이 이루어지고 있다.

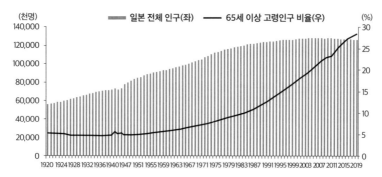

▶ 일본 고령인구 비율은 28%에 달함

자료: 日本総務省統計局, 이베스트투자증권 리서치센터

"일본, 일할 사람이 부족해 무인 계산대가 증가한다!"

　　레지로보는 RFID 기술을 적용해 2016년 12월 파나소닉이 선보인 계산대로, 상품 정산부터 포장까지 자동으로 해주는 기기다. 고객이 전용 쇼핑 바구니에 물건을 골라 담은 뒤, 계산대에 올려놓으면 바구니의 밑면이 뚜껑 열리듯 양쪽으로 열린다. 계산대 밑으로 물건들이 떨어지면서 RFID 인식이 되어 결제할 금액을 알려준다. 계산대 밑에는 이미 비닐봉지나 쇼핑백이 준비되어 있어서, 물건이 떨어지면서 동시에 하단의 쇼핑백에 담기게 된다. 계산을 마치면 고객은 쇼핑백을 바로 들고 나가면 된다. 이 계산대는 일본 편의점 로손 점포에 도입되면서 주목을 받았다.

다만 바코드 가격이 보통 한 매에 2~3원 정도라면, RFID는 태그비용이 100원 안팎이고 대량 구매 시 60원 수준으로 알려져 있다. 과거 개당 1,000원 수준에서 다소 하락하기는 했지만, 여전히 비용 측면에서는 업체들에게 부담이 될 것이다. 향후 컴퓨터 비전 기술 적용이 보편화하며 점포 구축 비용 부담이 감소하면, RFID 형태는 소위 가성비가 떨어진다는 측면에서 확산하기 어렵다.

무인 점포 끝판왕은 컴퓨터 비전

2016년 12월 공개된 아마존고는 컴퓨터 비전 무인 점포의 대표적 아이콘이다. 아마존고는 자체 개발한 저스트 워크 아웃(Just Walk Out) 기술을 기반으로 하고 있으며, 점포에는 자율주행차에서 쓰이는 기술인 컴퓨터 비전, 인식 센서, 머신러닝 등이 적용되어 있다. 2018년 1월 시애틀에 첫 점포를 오픈했고, 2021년 3월 기준 영국 런던 점포 2개를 포함해 전 세계에 29개 점포가 운영되고 있다. 아마존고 점포는 계산 과정이 전혀 없고 바로 물건을 들고 나오면 되기 때문에, 진정한 의미의 무인 점포라 볼 수 있다.

고객이 1)스마트폰으로 아마존고(Amazon Go) 어플리케이션을 실행시켜 점포에 입장하고, 2)장바구니에 물건을 담은 후, 3)나오면 쇼핑이 끝난다. 포브스는 이러한 모습을 포스(POS) 시스템의 종말이라고 표현하기도 했다.

이 점포를 구동하기 위한 가장 중요한 기술은 인식 센서 카메라다. 예를 들어 사람은 생수 한 병을 보고 1)이것은 생수다, 그리고 가격표를 본 뒤 2)이것은 한 개에 얼마다 라고 인식하는데, 컴퓨터 비전 카메라 또한 인공지능과 머신러닝을 기반으로 같은 작업을 할 수 있다. 아마존고 내 자율주행 센서가 부착된 원형 카메라는 고객이 쇼핑하는 동안 동선을 따라다니며 구매 목록을 확인한다. 또한 카메라와 센서를 통해 구매자가 제품을 진열대에서 들어올리는 동작을 인지해 상품을 장바구니에 등록한다. 더불어 머신러닝과 빅데이터를 통해 소비자의 점포 내 체류 시간과 이동 경로 등을 분석할 수 있고, 아마존은 이를 통해 과거 구매 이력이나 실시간 구매 상황에 맞춤형 프로모션을 즉각적으로 적용할 수 있게 된다.

아마존은 아마존고를 구현하기 위한 기술들에 대해 이미 2013년부터 부지런히 특허를 받아왔다. 사람이 진열대에서 상품을 가져온 시점을 감지한 다음, 손에 들고 있는 장치에 데이터를 동기화하는 기술이 대표적이다. 아마존이 이 특허를 처음 출원했을 당시에는 물류센터에서 쓰이게 될 기술이라는 시각이 대부분이었으나, 특허 초록에 나온 내용을 바탕으로 보면 아마존은 이미 이때부터 아마존고 점포의 형태에 대해 구체적인 계획을 짜고 있었던 것을 알 수 있다.

아마존의 최종 목표는 단순히 아마존고 매장을 늘린다기보다 향후 온라인과 오프라인 유통업체들에게 이 기술을 공급하는 것이다. 현재 아마존의 클라우드 서비스 부문인 AWS에는 저렴한 비용으로 클라우드 서비스를 이용할 수 있는 플랫폼을 제공해 많은 소매업체들이 이용하고 있다. 이처럼 특허를 낸 위의 기술을 적용한 아마존고 매장을 확대함과 동시에 타 유통업체들에게도 이러한 기술을 제공해 추가적인 수익 창출을 꾀할 것으로 전망한다.

돈이 없으면 일단은 스마트 카트부터

아마존고 매장은 매우 훌륭한 형태이기는 하나 비용이 많이 들어간다는 점이 가장 큰 약점이다. 컴퓨터 비전 카메라를 점포

천장 및 주요 위치에 촘촘하게 설치해야 하는데, 가격이 만만치 않기 때문이다. 점포의 규모가 커지면 커질수록 더 많은 카메라가 필요하다. 특히 무인 형태가 가장 필요한 편의점의 경우에는 운영 주체가 대기업이 아니라 소상공인인 점주이기 때문에 편의점 프랜차이즈 본부가 이를 지원해주지 않는다면 실제 점포 적용에는 큰 어려움이 있다. 이것이 무인 점포가 예상보다 빠르게 도입되지 못하는 이유 중에 하나다.

이런 점 때문에 업체들은 스마트 카트 도입 실험도 진행 중이다. 스마트 카트는 보통 AI 및 자율주행 기술 등이 적용된 카트로, 장바구니의 역할과 계산대의 역할을 함께 하는 형태로 개발되고 있다. 스마트 카트는 점포 트래픽에 따라 유동적으로 대응할 수 있다는 장점이 있다. 비전 카메라의 경우 매장에 오는 손님의 수와 관계없이 매장 면적에 맞추어 설치해 놓아야 하기 때문에 초기 비용이 많이 필요하지만, 스마트 카트는 매장에 손님이 갑자기 늘거나 줄어들 경우 카트 수를 유동적으로 늘리거나 줄일 수 있기 때문이다. 또한 기존 운영하던 점포를 컴퓨터 비전 무인 점포 형태로 변경하려면 전면 공사를 위해 영업을 중단해야 하는데, 스마트 카트는 그런 필요가 없다는 점에서 유연한 대응이 가능하다.

"스마트 카트를 통해 영업 중단 없이

매장을 무인 점포 형태로 바꾼다!"

한국에서는 이마트가 2018년 자율주행 카트 일라이(Eli)를 공개했다. 일라이에는 사람을 인식할 수 있는 센서, 음성 인식 기능, 상품 무게 인식 센서 등이 장착되어 있다. 일라이는 상품이 있는 자리로 고객을 안내하는 기능도 제공하고, 바코드 인식도 할 수 있어 카트를 통해 결제도 가능하다. 고객이 쇼핑을 마치면 스스로 충전소로 복귀하기도 한다.

해외에서도 비슷한 스마트 카트들이 개발되고 있다. 2018년 초 JD.com(이하 징동)이 오픈한 징동의 첫 오프라인 신선식품 매장 세븐프레시(7Fresh)에서도 이러한 카트를 볼 수 있다. 이 스마트 카트는 팔찌를 기반으로 움직이는데, 세븐프레시앱을 설치하고 원하는 카트를 골라 카트 위 QR코드를 스캔하면, 카트 안의 손목 밴드를 착용 후 스마트 카트를 이용할 수 있다. 스마트 카트에 부착된 스크린에서는 매장 안내도를 볼 수 있으며 고객이 원하는 지점으로 안내해주는 기능도 있다. 적외선 감지 기능을 통해 장애물을 만났을 때는 즉각 멈추게 설계되어 있다. 다만 아직 단순한 안내 기능이나 정보 등만 제공해줄 뿐이라 이마트의 일라이와 같은 기능이 향후에 더 추가될 것으로 전망된다.

실제로 2019년 초에 컴퓨터 소프트웨어 기업인 케이퍼(Caper)가 선보인 인공지능 카트는 그러한 기능들을 모두 담았다. 케이퍼AI의 카트의 기능은 크게 3가지다. 1)이미지/무게 센서로 상품을 인식한다. 신선식품의 무게를 달고 바코드를 붙이는 작업을 할 필요 없이 카트를 통해 해결할 수 있다. 2)터치 스크린을 통해 위치 정보, 레시피, 계산 정보 등을 제공하며, 3)카드 리더기가 있어 결제와 포인트 적립도 가능케 한다.

케이퍼는 2019년 9월 1천만 달러의 시리즈 A를 펀딩했고, 캐나다에서 두 번째로 큰 소매업체 소베이(Sobeys) 매장에 이 카트를 도입했다. 2019년 초에는 뉴욕 기반의 수퍼마켓 업체인 푸드셀러 마켓(Foodcellar Market)이 케이퍼 카트들을 매장에 투입했다. 2021년 1월에는 미국의 슈퍼마켓 체인 크로거가 케이퍼 카트 시범 운영에 들어갔으며, 향후 카트 이용이 소비자들에게 잘 자리 잡으면 크로거의 2,750개에 달하는 점포에 확장될 수 있을 것으로 전망된다. 이 카트 1대당 가격은 케이퍼 측에서 공개하고 있지 않지만, 당연히 아마존의 무인화 기술보다는 훨씬 낮은 가격으로 추정된다.

"캐나다를 정복한 Caper AI의 카트가

이제 미국을 바라보고 있다!"

　　이러한 스마트 카트 사용은 고객의 편리함을 도모해 점포 매출액에도 도움을 주는 것으로 나타났다. 케이퍼의 초창기 고객인 뉴욕 기반의 푸드셀러 마켓은 셀프 계산대를 설치하는 것보다 케이퍼 카트를 도입하는 것이 더 효율적이라 결정해 도입을 시작했는데, 이러한 결정으로 2019년 도입 이후 객단가가 18% 증가한 것으로 나타났다. 이에 아마존도 2020년 7월 아마존 대시 카트를 선보였다. 아마존은 홀푸드 인수 이후 자체 오프라인 매장인 아마존 프레시 점포를 출점하기 시작했는데, 이 매장 안에 대시 카트(Dash Cart)를 도입하고 있다. 대시 카트도 앞서 설명한 스마트 카트와 비슷한 기능들을 제공한다. 특이사항은 아마존의 AI 비서인 알렉사 연결이 가능하다는 점이다. 아마존은 2021년 1월 기준 8개의 아마존 프레시 점포에 이 카트를 도입했다. 오프라인 점포들이 단순 구매를 위한 기능보다는 물류센터 또는 경험, 체험, 취식 등을 강조한 형태로 변모함에 따라 기존 점포의 매출액이 인건비를 커버하기에는 일정 부분 한계가 있을 것으로 전망한다. 이에 매장 내 인력은 점차 줄어들 것으로 판단하고, 비용 부담으로 컴퓨터 비전 무인 점포 구현이 어려운 업체들의 스마트 카트 도입은 확산될 것으로 전망한다.

무인 샤넬 매장을 상상해본다

2030년 무인 샤넬 매장에서 쇼핑하는 건 어떤 모습일까? 마치 영화에서 시간 정지를 시켜놓은 것처럼 고요한 매장에 스마트폰으로 신분 인증을 하고 들어선다. 매장은 최신 라인의 화려한 가방과 액세서리, 옷으로 가득하다. 쇼윈도 안의 상품을 보려면 스마트폰으로 유리문에 붙은 QR코드를 태그하고 열어 자유롭게 착용해볼 수 있다. 명품 매장이다 보니 매장 안이 혼잡해지면 곤란하기 때문에 한 번에 소수의 인원만 입장이 가능하다. 그러다 보니 오히려 점원이 응대하던 시절보다 명품 매장 앞의 대기줄은 길어졌다.

마음에 드는 상품을 골라 샤넬 쇼핑 앱에서 상품의 바코드를 찍고, 새 상품 가져오기를 누르자 매장 뒷편의 창고에서 새 상품이 토트바구니에 담겨 나온다. 꼼꼼하게 살펴본 후 하자 없는 상품이면 매장 한편의 포장 코너에서 박스를 선택한다. 박스와

쇼핑백 사이즈는 샤넬에서 정해놓은 규격대로 상품마다 데이터
가 저장되어 있다. 포장 기계에서 박스가 밀려나오면 고른 상품
을 안에 넣고 뚜껑을 닫는다. 박스가 밀려나온 선반에 다시 올려
놓으면 자동으로 리본을 매주고 카멜리아 장식도 붙여준다. 매
장에서 은은한 음악은 흐르지만, "고객님 정말 잘 어울리세요!"
라고 외쳐주는 점원은 없다. 샤넬을 실물로 보러 갔다가, 실물로
들고 나올 뿐이다. 1,000만 원짜리 가방을 사지만, 외롭게 쇼핑을
하고 나온다. 누군가가 퇴장하면, 다음 차례를 기다렸던 손님들
이 입장한다.

대형마트와 슈퍼마켓, 편의점으로 확산될 무인 점포

샤넬 매장은 무인이어야 할까? 손님은 상대적으로 훨씬 적
고, 계산 줄이 길게 늘어질 필요도 없다. 무엇보다도, 1,000만 원
짜리 가방을 사는 것은 늘 사는 콩나물을 사는 것과는 전혀 다
른 행위다. 소비자들은 비싼 물품을 소비한다는 만족감을 느끼
고 싶어하고, 유명한 브랜드는 대접 받으면서 구매하고 싶어하기
때문이다. 천만 원짜리 가방을 사면서 그 누가 홀로 매장에서 가

방만 들고 나오고 싶겠는가?

즉, 향후 무인 점포가 확산될 채널은 대형마트, 슈퍼마켓, 편의점과 같은 채널이라 보는 편이 타당하다. 온라인으로 주문하는 것들은 차치하고서라도(모든 것을 온라인으로 주문한다는 가정하에서는 그 어떤 오프라인 채널도 필요하지 않다), 오프라인 매장의 기능을 보았을 때 대형마트와 슈퍼마켓은 백화점보다 구매하는 물품의 가짓수가 상대적으로 많을 수밖에 없고(=계산하는 시간이 오래 걸린다), 편의점은 백화점에 비해 상대적으로 자주 간다(=계산 횟수가 잦다).

백화점이 최근 가지게 된 특성 또한 무인 점포와는 거리가 멀어지고 있다. 백화점은 점점 더 고급화한다고 보는 것이 맞다. 이미 백화점이 취급하고 있는 카테고리들은 인터넷 쇼핑에 잠식되었다. 즉 예전보다는 백화점에 입점해봤자 별로 이점이 없다. 사람들이 많이 모이는 좋은 자리에 비싼 수수료를 지불하고 입점시켜 우리 상품을 보여줘도, 과거 대비 효율이 떨어진다는 뜻이다. 코로나19로 인해 언택트 쇼핑이 확산되면서 이는 더욱 심화하고 있다. 사회적 거리두기로 고객들이 많은 사람들이 모이는 자리를 피하고 있기 때문이다. 거기다 브랜드가 탄생하는 것도 이제는 더욱 쉬워졌다. 새로운 브랜드들이 OEM(주문자상표부착생산)과 ODM(제조자설계생산)을 통해서 탄생하고 사라진다. 히트 상품 한 개로 회사가 크게 성공했다가 사라지기도 한다. 이러한 브랜드들을 입점시켰다가 퇴출시키는 작업들을 더욱 빠르게 진행해야 한다. 그리고 그것은 덩치가 큰 백화점 입장에서 쉽지 않은 일이다.

결국 백화점은 백화점만이 강점을 가지고 있는 카테고리로 승부를 봐야 한다. 그것은 명품이다. 명품 브랜드들이 닷컴 사이트들을 강화하고는 있지만, 상품 품목이 한정돼 있을 뿐만 아니라 샤넬과 같은 일부 명품 브랜드들은 브랜드 로열티 유지를 위해 여전히 오프라인 베이스를 고집하고 있다. 명품을 판매하는 곳은 고급스러울 수밖에 없고, 고가의 상품을 판매하고 브랜드 헤리티지를 위해 좀 더 세심한 고객 서비스를 필요로 한다. 따라서 이러한 매장들은 결국 훈련된 직원이 필요할 수밖에 없다는 결론이다. 즉 백화점은 결국 명품 MD를 강화할 텐데, 명품 매장은 사람이 필요하기 때문에 무인 매장으로 갈 확률이 낮다.

*"백화점은 세심한 고객 서비스를 제공할 인력이 필요하므로
무인 점포로의 전환 가능성은 낮다!"*

무인 매장들이 향후 해결해야 할 과제도 당연히 있다. 우선 비용이다. 대형마트나 SSM의 경우에는 좀 더 낮지만, 결국 인건비 및 고정비 부담이 큰 채널은 점주가 운영 주체인 편의점이다. 이러한 편의점을 무인화하는 것에 대한 비용을 점주가 전부 부담하기는 어려우므로, 향후 편의점 가맹본부와 어떤 식으로 협력해나갈 것인지에 대한 부분이 중요해질 수 있다. 두 번째로는 도난 문제다. 컴퓨터 비전 카메라, 스마트 카트 등도 도난 문제에서 완전히 자유로울 수는 없다. 세 번째는 술과 담배다. 담배와 주류는 대면판매가 기본 원칙이다. 따라서 매장 내 일부 직원은 반드시 필요할 수밖에 없다는 약점이 있다. 이는 담배 매출액이 전체 점포 매출액의 40%인 편의점의 경우에는 치명적이다. 향후 기술의 발전에 따라 보완되겠지만, 아직까지 무인 점포가 확산되지 못하고 있는 이유이자 해결해야 할 주요 과제다. 다만 확실한 것은, 그동안 너무도 당연하게 생각해왔던 과정들이 생각보다 필요없었던 것일 수도 있다는 점이며, 리테일테크의 발전으로 예상보다는 더욱 빠르게 사라질 수도 있다는 점이다.

02

배송 전쟁: 풀필먼트의 시대

다음 중 로켓과 샛별의 공통점은?

한국 이커머스에서 배송 혁신을 주도적으로 이끌어온 업체가 있다면 쿠팡과 마켓컬리일 것이다. 쿠팡은 로켓배송으로 기존의 익일배송을 넘어 당일배송까지 넘보고 있으며, 마켓컬리도 마찬가지로 밤 11시까지 주문하면 익일 아침에 받을 수 있게 해주는 샛별배송으로 큰 성장을 이루었다. 두 업체의 빠른 배송의 이면에는 공통점이 있다. 쿠팡이나 컬리가 상품을 이미 가지고 있기 때문에 바로 출고할 수 있다는 점이다. 쿠팡은 로켓배송을 위해 600만 개의 SKU(Stock Keeping Unit)를 사입했고, 마켓컬리는 신선식품 특성상 직매입 비중이 현저히 높다.

그럼 다른 오픈마켓들은 왜 그렇게 하지 않았는가? 이는 사업 모델의 차이에서 찾아볼 수 있다. PART 1에서 언급했듯이 유통업체들은 직매입 또는 수수료 모델을 택하고 있다. 이 중 오픈마켓은 대부분 수수료 모델을 취한다. 이 모델은 안정적이라는 것이 이점이지만, 판매를 중개하는 업체와 실제 판매자가 다르다는 점에서 이런저런 약점이 있다. 배송과 고객 서비스(CS)를 담당하는 자는 실제로 상품을 판매한 셀러지만, 구매 관련해 문제가 생겼을 때 소비자는 판매를 중개하는 업체(=오픈마켓)에 문제가 있다고 생각하는 것이 일반적이다. 그 업체를 통해 구매했기 때문이다. 특히 배송은 직매입 모델보다 더욱 불리할 수밖에 없는데, 실제 상품을 소비자에게 보내는 주체가 판매자이므로 배송이 언제 시작되는지는 판매자의 상황에 달렸다. 갑자기 너무 바빠서 제때 보내지 못할 수도 있고, 또 주문 폭주로 재고가 모자랄 수도 있는 등의 이슈가 있다. 또한 판매자가 배송을 시작할 때도, 집하와 분류 과정이 지연되는 이슈로 작용한다. 판매자와 계약한 택배사의 기사가 상품이 있는 곳으로 와 집하하고, 택배사들은 배송의 효율을 위해 집하 물품들을 허브터미널에서 분류하는 작업을 거친다. 이러한 과정은 배송이 지연되는 요소로 작용한다. 판매자와 구매자가 똑같이 서울에 있다 하더라도 집하 후 경기도의 허브터미널로 이동했다가 서울로 배송되는 이유다.

반면 쿠팡은 로켓배송을 위해 직매입 형태를 택했는데, 이는 사실 매우 부담스러운 전략이다. 초기 투자비용이 많이 들고, 재고 관리가 어렵기 때문이다. 실제로 쿠팡도 여타 비용이 작용하기는 하지만 작지 않은 규모의 적자를 내는 이유 중 하나가 이것이다. 직매입 물품을 매우 회전이 잘 되는 상품으로 구성할 수도 있지만, 기존 운영하던 상품 구색이 있는 한 이를 뿌리부터 바꾸는 것은 매우 어려운 일이다. 실제로 11번가의 경우 2016년 직매입 형태로 선보인 나우배송 서비스를 종료한 적이 있다. 이는 11번가가 전용 물류센터를 활용해 직매입한 상품들을 판매하는 형태였지만, 론칭 3년 만에 서비스를 종료하고 직매입과 수수료 모델인 오픈마켓을 병행하는 십일초이스로 새로 바꾸었다. 자금력이 있는 업체라 하더라도 직매입과 물류센터 운영은 쉽지 않다는 것을 보여주는 사례다.

풀필먼트? 제주도 팔이피플 친구의 부탁

친구가 제주도에서 취미로 자그마한 비즈 액세서리를 파는 쇼핑몰을 운영하는데, 어느 날 갑자기 연락이 왔다. 쇼핑몰 주문의 90%가 서울에서 나오고 있는데, 본인 사는 곳이 제주도라 배송이 종종 늦어진다는 것이다. 그래서 자기가 물건을 여러 개 미리 보내놓을 테니, 서울 사는 내가 그걸 가지고 있다가 주문 들어올 때 알려줄 테니 그때마다 좀 보내달라는 것이었다. 한 달에 보통 10개 정도 주문이 발생하니 큰 부담도 아닐 거라고 덧붙였다. 그러면서 액세서리들을 보관하려면 집 안에 자리도 차지하니 한 달에 일부 비용도 지급하고, 보낼 때마다 배송비를 포함해 수수료 조로 부쳐주겠다고 한다. 사무실 건물 안에 우체국도 있기에 그다지 부담되지 않을 것 같아 흔쾌히 오케이했다.

눈치빠른 독자들은 캐치했을 것이다. 이것이 풀필먼트의 정의다. 상품을 1)보관해주고, 2)주문이 들어올 때마다 대신 보내주는 것이다. 사실 어떻게 보면 단순한 프로세스 같지만 풀필먼트는 많은 것을 바꾸어놓을 것으로 전망된다. 쿠팡처럼 직매입 모델로 가기 어려운 업체들이 최근 강화하고 있는 것이 풀필먼트 전략이기 때문이다.

풀필먼트의 역사

풀필먼트는 2006년으로 거슬러 올라간다. 아마존은 2006년 부터 풀필먼트 바이 아마존(Fulfillment By Amazon, 이하 FBA) 서비스를 시작했다. 시작은 단순했다. 아마존 셀러들의 물품들을 아마존 물류창고에 쌓아두고 파는 것이었다. 이는 셀러들에게 1)물류창고를 제공해 재고를 보관해주고, 2)주문이 들어오면 피킹과 포장을 해주며, 3)이어서 배송까지 해주는 서비스였다. 아마존은 당시 자사 유료 멤버십 서비스인 아마존 프라임 회원들에게 이틀 배송(2-Day Shipping) 혜택을 제공해주고 있었는데, 이를 위해서는 배송 시간을 단축해야 했다. 이에 FBA 서비스를 고안해내게 되는데, 아마존이 미국 전역에 물류를 대행해주는 방식이었다. 미국은 땅이 넓다 보니 판매자들이 미국 전역에 물류창고를 운영하는 것이 쉽지 않았다. 판매자들 또한 그런 규모로 사업을 하는 것이 아니라 대체로 소규모 비즈니스였기 때문에 큰 물류창고를 운영할 필요도 딱히 없었다. 그럼에도 불구하고 이틀 안에 배송해줄 수 있다는 보장이 된다면 더 많은 판매가 이뤄질 것이기에 판매자들은 빠른 배송에 대한 니즈를 가지고 있었다.

▶ 풀필먼트(Fulfillment): 1)보관, 2)출고, 3)배송 서비스

자료: 이베스트투자증권 리서치센터

이 방식은 모두에게 혜택으로 돌아갔다. 셀러들은 이틀 배송이 가능해져 판매 상품의 구매량을 높일 수 있었고, 아마존은 이틀 만에 배송해주는 상품이 가장 많은 쇼핑몰이 되었고, 고객은 배송을 빨리 받을 수 있게 되었기 때문이다. 미국의 시장조사업체 CIRP에 따르면, 아마존 프라임 회원들은 2018년 연간 아마존에서 일반 회원들 대비 2.3배 많은 1,400달러를 소비했다. 따라서 셀러가 FBA를 이용할 때 프라임 배송에 노출되고, 이는 구매액이 더 큰 프라임 회원들을 대상으로 하기 때문에 셀러의 상품이 더욱 많이 팔릴 수 있다는 결론이 된다.

"아마존의 풀필먼트 서비스는 아마존과 셀러 모두에게
윈윈 게임이다!"

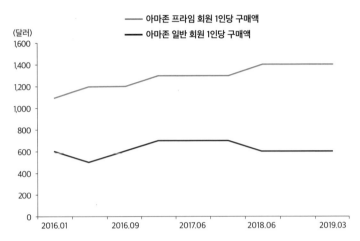

▶ 아마존 프라임 회원 vs. 일반 회원 구매액 추이

자료: CIRP, 이베스트투자증권 리서치센터

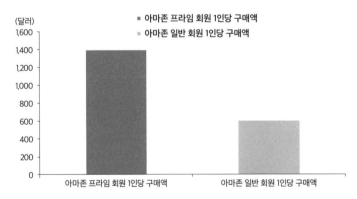

▶ 아마존 프라임 회원 구매액은 일반 회원 대비 2.3배

자료: CIRP, 이베스트투자증권 리서치센터

편의성 또한 뛰어났다. 타 쇼핑몰을 이용해 상품을 판매할 때도 호환이 가능했기 때문이다. 즉 이베이를 통해 상품을 판매하거나, 판매자 고유의 사이트를 통해 상품을 판매한다 하더라도 아마존의 FBA를 통해 재고를 관리하고 배송하는 서비스를 이용할 수 있다. 픽업, 포장, 배송을 모두 대행해주고 배송 후 고객으로부터 불만사항 및 문의사항을 접수한 후 해결하는 고객서비스(Customer Service)까지 모두 제공하기 때문에 판매자는 좀 더 판매 활동이나 마케팅에 집중할 수 있다.

풀필먼트, 더 비싸지 않나요?

풀필먼트 요금은 통상 1)핸들링 비용(Handling Cost)과 2)보관 비용(Storage Cost)으로 나뉜다. 셀러가 이번에 어떤 물건을 보내겠다고 등록하면, 그 정보가 들어 있는 바코드를 아마존이 생성해준다. 그 송장을 프린트하여 셀러가 물건을 벌크로 보내면, 그 정보에 맞춰 아마존 물류센터로 입고된다. 그 후 보관하는 비용을 월별로 내는데, 이것이 보관 비용이다. 보관 비용은 시즌마다 다른데, 통상 10~12월처럼 쇼핑 수요가 증가하는 달에는 조금 더 비싸게 책정된다.

▶ 아마존 FBA 재고 보관(storage) 수수료

시즌	Standard	Oversize
1월 ~ 9월	$0.69 / 세제곱피트당	$0.48 / 세제곱피트당
10월 ~ 12월	$2.40 / 세제곱피트당	$1.20 / 세제곱피트당

자료: Amazon, 이베스트투자증권 리서치센터

실제로 주문이 발생해 상품을 출고할 때 부과하는 것이 핸들링 비용이다. 사이즈에 따라 다른데, 이는 통상 택배가 그러하듯 부피나 크기가 클수록 가격이 올라가는 것이다.

▶ 사이즈 등급별 주문 처리 수수료

사이즈 등급	배송 중량	포장 중량	[과거, 2019/01/19 이전] 상품당 주문처리 수수료	[현재, 2019/01/19 이후] 상품당 주문처리 수수료
소형 standard	10oz 이하	4oz	$2.41	$2.41
	10 ~ 16oz			$2.48
대형 standard	10oz 이하	4oz	$3.19	$3.19
	10 ~ 16oz			$3.28
	1 ~ 2lb	4oz	$4.71	$4.76
	2 ~ 3lb	4oz	$5.09	$5.26
	3 ~ 20lb	4oz	$5.09 + $0.38/lb (최초 2lb 초과분)	$5.26 + $0.38/lb (최초 2lb 초과분)

소형 oversize	70lb 이하	1lb	$8.13 + $0.38/lb (최초 2lb 초과분)	$8.26 + $0.38/lb (최초 2lb 초과분)
중형 oversize	150lb 이하	1lb	$9.44+ $0.38/lb (최초 2lb 초과분)	$9.79 + $0.39/lb (최초 2lb 초과분)
대형 oversize	150lb 이하	1lb	$73.18 + $0.79/lb (최초 90lb 초과분)	$75.78 + $0.79/lb (최초 90lb 초과분)
특별 oversize	n/a	1lb	$137.32 + $0.91/lb (최초 90lb 초과분)	$137.32 + $0.91/lb (최초 90lb 초과분)

*의류 상품은 상품당 $0.40의 추가 주문 처리 수수료가 부과
(지갑, 벨트와 같은 의류 액세서리 제외)
*리튬 배터리 및 해당 배터리와 함께 판매되는 아이템의 경우 상품당 $0.11의 추가
주문 처리 수수료가 부과
*oz=온스, lb=파운드

자료: Amazon, 이베스트투자증권 리서치센터

또한 국외 아마존 사이트에 입점해 상품을 판매하는 셀러들도 FBA를 사용할 수 있다. 각 국가별 풀필먼트 센터에 상품을 미리 보내면 보관해주고, 배송도 맡아 해주며, 고객 CS(Customer Service)까지 아마존이 책임지므로 해외 고객 대상 판매 과정에 수반되는 각종 애로 사항을 줄여준다. 즉 한국에서 미국 아마존을 통해 상품을 판매하고 싶은 한국 판매자들도 FBA를 이용하면 편리하게 판매를 할 수 있다. 이처럼 아마존은 판매자들에게 혜택을 제공하면서, 부가 수익도 창출하고 있으며, 아마존 내 빠른 배송 상품군도 크게 확대하여 시장 점유율을 확보했다.

이커머스 경쟁력으로 부각되는 풀필먼트!

풀필먼트는 한국에서도 주목받을 것이다. 온라인 쇼핑에서 빠른 배송이 중요한 경쟁 요소가 되고 있기 때문이다. 판매자들이 판매 상품을 이커머스 업체 또는 택배사의 물류센터에 미리 가져다 놓으면, 1)배송 기사가 집하하고 2)허브터미널로 운반해 3)서브터미널별로 분류하는 과정이 생략되므로, 온라인 플랫폼 상에서 주문이 들어오자마자 바로 배송해줄 수 있다.

▶ 풀필먼트 서비스: 집하와 분류 작업 생략으로 빠른 배송 가능해짐

Fulfillment

자료: 이베스트투자증권 리서치센터

풀필먼트는 어찌보면 3PL(3rd Party logistics, 제3자 물류)의 일종이라고도 볼 수 있다. 다만 기존 3PL이 B2B 형태가 많았다면, 풀필먼트는 B2C에 좀 더 맞는 형태라고 정의할 수 있다. 상품 품목 수(Stock Keeping Unit)가 많고, 대규모가 아닌 산발적인 출고가 발

생하는 다품종 소량의 물류기 때문이다. 이커머스 업체들 모두 빠른 배송에 대한 니즈가 커지고 있는 만큼 풀필먼트에 대한 투자를 최근 들어 늘리고 있다.

쿠팡, 조달 자금으로 풀필먼트 서비스 시작 전망

쿠팡이 배송 전문 자회사 쿠팡로지스틱스(CLS)를 설립하고 2018년 9월 택배사업자 인증을 받으면서, 제3자 물류(3PL)를 준비한다는 시장의 예상이 불거지기 시작했다. 쿠팡풀필먼트 서비스라는 물류센터 운영조직도 마련되어 있었기 때문에, 가능한 얘기였다. 실제로 쿠팡은 2018년 11월 대구 캠프에 전기 화물차 10대를 도입하며 제3자 물류 사업 준비를 하고 있다고 밝히기도 했다.

이렇게 되자 택배업계에서는 쿠팡이 본격적으로 제3자 물류 사업에 뛰어들며 유통업에서와 마찬가지로 업계 내 변화를 가져올 것이라고 우려하는 시각이 확대됐다. 당시 쿠팡은 전국에 물류센터 20여 개, 쿠팡맨 캠프 40여 개를 확보하고 있어 이러한 시각에 설득력을 실어줬다. 그런데 쿠팡은 2019년 8월 택배사업자 인증을 1년 만에 자진 반납했고, 이에 제3자 물류 및 풀필먼트 사업 진출에 대한 시각은 일단락된 상황으로 판단했다. 그 이유는 쿠팡이 가지고 있던 번호판 때문이다.

택배는 타인의 화물을 유상으로 운송하는 '유상운송행위'다. 쿠팡은 2014년 3월부터 공급업체로부터 상품을 직매입해 고객에게 상품을 판매하는 로켓배송을 시작했는데, 화물자동차 운송업 허가를 받지 않고 흰색 번호판으로 영업이 가능했던 이유가 여기에 있다. 로켓배송은 직매입한 1)자신의 화물을 2)무료로 운송하는 것이었기 때문이다.

만약 쿠팡이 풀필먼트 사업을 한다면, 물류센터 및 캠프의 수용력을 늘린다는 가정하에 보관 및 피킹 & 패킹, 출고까지는 가능할 수 있었다. 다만 물류센터에서 출고된 물품들이 라스트 마일 단계에서 쿠팡 차량으로 배송되는 것은 불가능에 가까웠다. 풀필먼트 물량은 직접 매입한 상품이 아니고 타인의 물건이므로, 유상운송행위를 하기 위해서는 노란색 영업용 번호판이 필요했기 때문이다. 이를 위해서는 1)쿠팡이 택배 사업자가 되어 "배" 번호판을 단 차량을 확보하거나, 2)영업용 번호판을 사 모아야 했다. 따라서 택배 사업자 라이선스를 반납했을 당시에는 이론상 모든 풀필먼트 대상 물품을 직매입해야 가능하다는 결론이 났다.

쿠팡은 택배 사업자 라이선스를 반납할 당시 향후 재정비 후 다시 사업자 신청을 하겠다는 입장을 밝혔다. 그리고 실제로 2020년에 다시 사업자 신청을 했으며, 2021년 1월 택배 사업자로 선정 되었다. 이에 이제는 택배 전용 번호판인 "배" 번호판 발급 이 가능해졌고, 같은 해 상장을 통해 조달한 자금을 통해 차량 을 늘리며 풀필먼트 대상 상품들을 확대할 것으로 전망한다.

"다시 택배 사업자로 선정되며 풀필먼트 사업을 가속화할 쿠팡!"

Appendix. 로켓제휴는 뭔가요?

쿠팡은 2020년 7월 로켓제휴 서비스를 론칭했다. 쿠팡이 내부 알고리즘을 통해 재고를 예측한 후 마켓플레이스 판매자 들에게 데이터를 제공하면, 판매자가 쿠팡의 물류센터에 상품 을 입고하고 이후 보관 및 로켓배송, CS 등을 대행해주는 서비 스다. 소비자의 구매 이후 반품 등도 쿠팡이 모두 대행해준다. 그렇기 때문에 수수료는 높게 책정되어 있다. 패션 제품 기준 일 반 마켓플레이스 입점 수수료는 10.5%인데 비해, 로켓제휴로 입점할 경우 28%로 올라간다. 다만 로켓배송을 하기 위해 쿠팡의 하얀 번호판 차량을 이용해야하는데, 이를 위해 쿠팡이 소비자 구매가 이루어지는 시점에 상품을 매입해 직매입하는 로켓배송과 동일한 효과를 낼 수 있게 하는 것이다. 상품의 입고는 미리 되지만 매입은 구매가 이루어지는 시점에 이루어지므로 쿠팡 입장에서는 신속하게 배송할 수 있는 상품의 범주를 늘릴 수 있는 동시에 재고에 대한 부담을 덜어낼 수 있다는 것이 장점이다. 이를 두고 택배 사업자 자격 없이 3자 물류를 하는 형태라는 업계의 반발이 있었지만, 2021년 1월 택배 사업자 라이선스를 다시금 받으면서 문제는 없어진 상태. 쿠팡은 이어 2월 기존 로켓제휴를 제트배송으로 변경하는 테스트를 진행 중인 것으로 알려졌다. 이를 통해 쿠팡은 익일배송이 가능한 품목을 확대할 것으로 전망된다.

네이버 풀필먼트

네이버는 PART 2에서도 언급했듯이 풀필먼트 스타트업에 투자를 꾸준히 진행했다. 이와 더불어 대기업 택배업체와도 손을 잡았다. 2020년 CJ그룹과 자사주 지분 교환을 진행하면서,

CJ대한통운의 지분을 3,000억 원에 확보하여 지분율 7.85%의 주주로 올라섰다. 이 협업으로 기대해볼 수 있는 것은 네이버 쇼핑 상품들의 풀필먼트를 통한 빠른 배송이다. 판매하는 상품의 재고를 물류센터에 미리 가져다놓으면, 1)배송 기사가 집하하고 2)허브터미널에서 분류하는 과정이 생략되므로, 온라인 플랫폼 상에서 주문이 들어오자마자 바로 배송해줄 수 있기 때문이다. 그리고 이러한 서비스에 필요한 허브터미널과 차량은 CJ대한통운과 협업해나가려는 움직임이다.

CJ대한통운은 2018년 8월 곤지암 허브터미널을 완공하면서, 터미널 내 약 35,000평 규모의 풀필먼트 센터 인프라를 구축했다. 현재 20,000여 평은 CJ오쇼핑 등이 입주해 사용하고 있으며, 나머지 15,000평에 대해 이커머스 업체들을 상대로 계약 협의를 진행하고 있다. 2020년 말 약 8개 브랜드사가 입점한 것으로 추정하며, 올해도 꾸준히 고객사를 늘려나갈 것이다. 이커머스 업체들의 경우 풀필먼트 센터가 많이 필요하다 보니 미리 대규모의 자금이 들어갈 수밖에 없고, 운송업체들은 이커머스 물동량을 성장 동력으로 삼고 있어 많은 물량이 필요하다. 이러한 서로의 니즈를 네이버와 CJ대한통운이 협업을 통해 이루어낼 수 있을 것으로 전망된다.

CJ대한통운의 곤지암 메가허브 풀필먼트에는 계열사인 CJ오쇼핑이 가장 먼저 입주했고, 이를 통해 24시간 내 전국에 배송이 가능하게 되었다. 간선 운송, 하역 과정이 생략되고 상품은 미리 분류되어 있어 주문·출고를 마감하는 시간이 동업계 평균보다 4~6시간 연장됐다. 즉 고객이 더 늦게까지 주문을 할 수 있다는 뜻이다. 오전에 주문한 상품은 당일 10시 이전에 당일배송 서비스가 가능하고, 오후부터 밤 12시까지 주문된 상품은 익일 10시 이전에 받아볼 수 있다. 결과적으로 평균 배송 시간은 기존 대비 약 12%(200분) 당겨졌다. 현재 LG생활건강, 라이온코리아, 애경, 생활공작소, 펫프렌즈, 지그재그 등이 입점되어 있고, 지속적으로 입점 고객사를 확대할 계획이다.

풀필먼트 확산은 시간 문제

현재 물류 스타트업 및 이커머스 플랫폼 업체들의 자회사로 풀필먼트 서비스가 일부 제공되고 있으나, 택배사와 비교할 때 비용이 더 높아서 한국 내 풀필먼트 시장이 활성화되지 못하고 있는 모습이다. 재고 및 부자재 보관 비용, 포장 비용, 보안 비용,

팔레트 구매 및 렌털 비용 등 각종 비용이 포함되어 있어 택배비보다 비쌀 수밖에 없기 때문이다. 다만 쿠팡이 로켓배송을 통해 소비자들의 배송 기준점을 높여놓았고, 많은 업체들이 이를 구현하기 위해 결국 풀필먼트 서비스를 강화할 것이다. 쿠팡처럼 직매입하는 형태가 아니라면, 배송 시간을 단축시킬 수 있는 가장 좋은 형태기 때문이다. 또한 물류센터 내에서 AI, 빅데이터, 로봇 등 자동화 및 기술 고도화에 대한 노력이 이어질 것이다.

03

인플루언서 커머스,
누구나 유명해질 수 있는 시대

누구나 돈을 벌 수 있는 시대

요즘 어딘가를 놀러 가면, 모두들 맛집을 가려고 한다. 우연히 발견해서 들어가는 식당보다는 미리 검증된 곳을 가고 싶어 한다. 진짜 맛집과 광고를 구별하기 위한 검색어 팁도 흔히 찾아볼 수 있다. 우리는 대체 언제부터 검증된 맛집을 찾게 되었을까? 과거 디지털 카메라의 보급에 따른 영향이 클 것이다. 과거에는 어딘가를 가게 되면 사진을 찍어도, 찍은 사진을 스캔해 파일로 만드는 과정이 복잡했다. 거기다 파일로 만든다고 해도 공유할 플랫폼이 없었다. 그런데 블로그 문화가 확산되고 디지털 카메라가 보급되면서, 어딘가 다녀와서 후기를 남기는 것이 식은 죽 먹기라, 이를 통해 정보가 모이면서 파워 블로거들이 생겨났다.

▶ **콘텐츠의 생산을 통한 인플루언서들의 탄생**

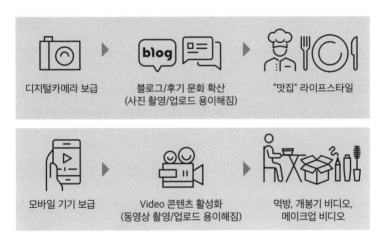

자료: 이베스트투자증권 리서치센터

이제는 이와 더불어 비디오 콘텐츠를 기반으로 한 인플루언서들이 득세하고 있다. 1)모바일 기기의 보편화로 언제나 어디서나 촬영이 가능하게 되었으며, 2)유튜브나 인스타그램 등 SNS를 기반으로 한 플랫폼들이 콘텐츠를 받쳐주고 있기 때문이다.

예전의 디지털 카메라는 용량의 한계로 영상을 오래 찍을 수 없었고, 게다가 파일 크기도 커서 업로드 하는 것도 어려웠다. 반면 최근에는 이런 활동들이 너무 편리해지고 있고, 이에 텍스트 위주의 콘텐츠가 동영상으로 변화하고 있다. 그리고 이러한 플랫폼 안에서 콘텐츠만 만들어낼 수 있다면, 누구나 유명해질 수 있다. 그리고 유명세를 이용해 누구나 돈을 벌 수 있는 시대가 왔다.

신인류의 탄생: 블랙핑크보다 더 빨리 데뷔할 수 있다

그야말로 신인류의 탄생이라 볼 수 있다. 가수나 영화배우 같은 '스타'가 아니더라도 그에 못지않는 유명세와 인기를 누리고 있는 사람들이 우리 주변 여기저기서 등장하기 때문이다. 최근 유튜브, 아프리카TV 같은 라이브 스트리밍 플랫폼에서 인기를 얻은 BJ(Broadcasting Jockey), 유튜버(Youtuber)들이 공중파 TV 방송에도 진출하고 있다. 메이크업 비디오로 인기를 끌고 있는 이사배, 축구 중계 전문 BJ 감스트, 먹방으로 유명한 쯔양 등이 MBC 프로그램 라디오 스타에 출연한 것이 대표적이다. 이사배는 MBC 분장팀 및 메이크업 팀에서 근무했던 이력으로 유튜브 채널을 시작했다. 2018년 기준 광고 개런티가 1억 원이 넘었으며, 아모레퍼시픽 브랜드 '프리메라', 에이블씨엔씨의 '미샤' 등 광고 모델로 활동하기도 했다. 그는 유튜브에 동영상을 올리기 시작한 지 3년 만에 100만 명이 넘는 구독자를 얻었고, 공중파 방송에도 출연하게 됐다. 최근 인기가 하늘을 찌르는 걸그룹 '블랙핑크' 멤버들의 데뷔까지 평균 연습 기간이 5년이었으니, 일반인인 이사배가 대형 연예기획사의 걸그룹보다 더 빨리 공중파에 데뷔한 셈이다.

감스트는 축구 게임 중계로 아프리카TV에서 방송을 시작했으며, 이후 축구 중계와 게임 등으로 영역을 넓히면서 2021년 3월 기준으로는 200만 명이 넘는 유튜브 구독자를 확보했다. 2018년 2월 한국프로축구연맹이 그를 2018 K리그 홍보대사로 임명했으며, MBC는 2018 러시아 월드컵 디지털 해설위원으로 초빙하기도 했다. 감스트가 중계한 지난번 러시아 월드컵 한국-스웨덴 경기 방송은 동시 최고 시청자 수 18만 명을 기록해 아프리카TV 역대 최고 동시 시청자 수를 달성했고, 한국과 멕시코 경기 중계 시청자 수는 35만 명을 돌파해 최고 기록을 또 한 번 갱신하기도 했다.

왜 인플루언서 커머스인가?

인플루언서들은 많은 수의 팔로워 또는 팬들을 기반으로 여러 수익 모델을 만들어내고 있다. 많은 사람들이 막연하게 유튜브를 통한 광고수익이 클 것이라 추정하지만, 오히려 유튜브 채널은 유명세를 유지하고 팬층을 탄탄하게 다지는 기반으로 활용하는 수단이라 봐야 할 것이다. 실제로 구독자 3만 5천 명을 달성한 주부 유튜버가 수익을 공개했는데, 한달 광고수익 규모는 500~600달러 수준이었다. 다만 그는 유명세를 통한 강연이나 출판, 상담 등으로 부가적인 수입을 올린 것으로 알려졌다. 유튜브 생방송 중 시청자가 실시간으로 송금하는 슈퍼챗 후원금은 유튜브가 35%의 수수료를 취한다. 게다가 구글은 2021년부터 미국에 거주하지 않는 유튜버 크리에이터들이 미국 시청자를 통해 창출한 수익을 세금 공제 후 지급하기로 결정했다.

이처럼 유튜브 광고수익은 대체로 한정적으로 봐야 하고, 인플루언서들은 유명세를 레버리지 삼아 수익을 극대화할 수 있는 사업을 찾고 있다. 바로 그러한 사업 모델이 커머스다. 인플루언서는 통상 본인의 유명세를 통해 직접 마케팅을 하기 때문에 따로 광고비가 들지 않고, 많은 팔로워를 보유하고 있기 때문에 최소 구매자 수가 방어된다는 측면에서 매력적이다.

팔로워들은 보통 인플루언서의 라이프스타일을 추구하고, 또 그 사람에 대해 모방하고 싶어하는 욕구가 있기 때문에 팔로우를 한다. 따라서 일반적인 마케팅을 했을 때보다는 구매로 이어질 확률이 높다. 또한 팔로워들에게 댓글을 달아주고, 라이브 방송에서 응답을 해주는 등 기존 연예인들보다 더 상호 소통이 가깝게 이뤄질 수 있어 호감과 충성도를 쉽게 이끌어낼 수 있다는 점이 강점이다. 이러한 이유로 인플루언서를 통한 커머스는 구매전환율이 높게 나타난다.

실제로 중국의 샤오홍슈(小红书)라는 SNS에서 이러한 현상을 찾아볼 수 있다. 샤오홍슈는 중국 내 인스타그램과 같은 기능을 하는 SNS 플랫폼으로, 사진이나 동영상 안에 쇼핑 태그 기능을 달아 바로 구매할 수 있게 하는 서비스를 인스타그램보다 먼저 제공해왔다. 인플루언서들이 스토리텔링 형식으로 후기를 남기는 마케팅이 유효하게 작용했고, 한국 신세계인터내셔날의 비디비치가 이 마케팅을 잘 활용해 "쁘띠 샤넬"로 알려지며 대박이 터지기도 했다. 실제로 샤오홍슈의 구매전환율은 8~10%에 달하는 것으로 알려졌고, 이에 티파니 같은 명품 브랜드들도 중국 내 마케팅 수단으로 활용하고 있다.

유튜브 광고 수입은 수익 창출을 허가받은 크리에이터 채널에 한해 가능하며, 1)지난 12개월 동안 채널 시청 시간 4,000시간 이상, 2)구독자 1,000명 이상의 조건을 만족해야 크리에이터 채널이 될 수 있다. 예전에는 총 조회 수 10,000회가 기준이었는데, 2018년 2월 20일부터 조건이 변경되었다. 광고는 업로드하는 동영상의 시작이나 중간(10분 이상의 영상에만 가능)에 넣을 수 있으며, 유튜브 시청자가 이전에 봤던 영상, 나이, 성별 등 데이터를 기반으로 시청자가 좋아하고 계속 볼만한 광고가 선택되어 재생된다.

국가마다 광고 단가는 다르다. 한국은 가장 낮은 편으로 추정되며, 일본은 한국의 3~4배, 미국은 한국의 7~8배 정도로 알려져 있다. 시청자가 접속한 국가에 따라 단가가 다르게 적용되며, 광고의 길이, 광고를 끝까지 봤는지 또는 스킵했는지에 따라 정산되는 광고비의 차이가 크다. 한국 유튜버들을 보면 영상에다 영어 자막 등을 추가로 넣는 크리에이터들이 많은데, 이는 해외 시청자를 통한 수익을 위해서라고 볼 수 있다.

유료 서비스 유튜브 프리미엄은 월 14,000원을 내면 광고 없는 재생을 제공한다. 광고가 없어 크리에이터의 수익 모델이 훼손되는 것 아니냐는 우려가 있는데, 유튜브 프리미엄의 경우

> 시청자의 시청 시간을 기준으로 유튜브 크리에이터에게 수익이 배분된다. 즉 광고 없이 영상을 보는 시청자 기준이므로, 좋은 콘텐츠라면 더 오래 시청할 확률이 높아지고 이를 통해 더 많은 수익을 낼 수 있는 구조다.

소싱도 배송도 신경 쓸 필요 없다: 팔로워만 있으면 OK!

인플루언서가 상품을 판매하는 방식은 크게 두 가지로 볼 수 있는데, 단순히 브랜드 업체가 의뢰한 상품을 마케팅하여 판매하는 것과 본인만의 브랜드 또는 상품을 론칭하여 판매하는 것으로 나눌 수 있다. 인플루언서는 영향력에 따라 수백만 명 이상의 팔로워를 보유한 메가 인플루언서부터 1,000명 미만의 팔로워를 가진 나노 인플루언서까지 구분되는데, 통상 업계가 광고 및 판매 효과를 기대하는 계층은 마이크로 인플루언서로 알려져 있다.

마이크로 인플루언서들은 콘텐츠를 만들어내고, 동시에 만들어진 콘텐츠를 증폭시키는 역할을 주로 한다. 팔로워가 매우 많으면 상호 소통이 어려운데, 이런 활동이 가능한(댓글 달아주기, 라이브 방송에서 응답해주기) 규모의 팔로워를 가지고 있다 보니 팔로워들의 높은 호감과 충성도를 이끌어낼 수 있다. 이러한 충성도와 신뢰도를 바탕으로 인플루언서가 상품을 판매할 때 구매전환율은 높을 것으로 추정돼, 브랜드 업체들이 가성비 측면에서 가장 선호하는 인플루언서다.

▶ 팔로워와 영향력에 따른 인플루언서 구분

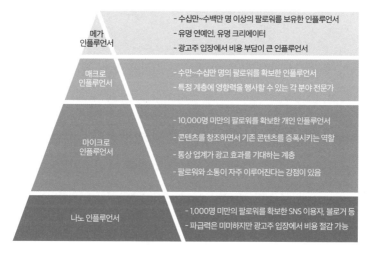

자료: KOTRA, Mavrck, 이베스트투자증권 리서치센터

자체 브랜드나 상품을 론칭할 경우 품은 더 많이 들지만, 더 높은 수익을 올릴 수 있다는 점에서 선호되기도 한다. 업체를 통해 중간 단계에서 형성된 마진들을 인플루언서가 모두 취할 수 있기 때문이다. 흥미로운 것은 인플루언서의 계정들이 플랫폼처럼 네트워크 효과를 내고 있다는 점이다. 인플루언서의 계정은 많은 팔로워를 갖고 있을수록 더 많은 잠재 구매자를 가지고 있는 것이고, 이는 더욱 많은 공급처와 협상하는 데 우위를 제공한다. 그래서 더욱 좋은 상품을 확보할 수 있는 가능성이 커진다. 이러한 상품의 구매가 이루어지면, 다음 상품을 판매할 때 레퍼런스로 작용하기 때문에 더 많은 구매를 불러일으키는 것이 쉬워진다. 중장기적으로는 좋은 상품의 대량 소싱이 가능해지면서 원가를 낮추고 수익을 극대화할 수 있다. 앞서 PART 2에서 살펴본 플랫폼의 네트워크 효과와 같다. 품목의 확장도 가능하다. 의류를 판매하던 인플루언서들이 화장품으로 확장하고, 결혼을 하게 되면 인테리어 용품과 식품 등으로 확장하고, 아이를 낳게 되면 유아용품으로 확대하는 등 다양한 포트폴리오를 품을 수 있다.

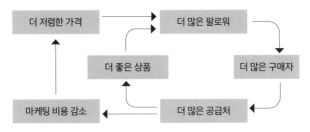

▶ 선순환을 부르는 인플루언서 커머스

자료: 이베스트투자증권

과거 소매업을 하기 위해서는 판매할 상품의 소싱을 위해 공장을 섭외하거나 거래처를 확보하는 것부터 결제, 포장, 배송에 이르기까지 많은 노력이 필요했으나, 최근에는 이를 대행해주는 업체들도 생겨나고 있어 판매할 대상인 네트워크(팔로워)만 확보한다면 상대적으로 소매업을 하기가 쉬워졌다. 광고 홍보를 위해 쓰던 비용도 절약할 수 있다. 인플루언서 자체가 움직이는 광고판이기 때문이다.

"팔로워만 있다면 무엇이든 팔 수 있다!"

과거 도매상가나 동대문 시장의 '사입삼촌'을 통해 상품을 매입했다면, 최근에는 여러 사입 애플리케이션을 통해 좀 더 편리하고 빠르게 소싱이 가능하다. 또한 글로벌 도매사이트도 활성화되어 있어, 상품의 품질만 확보된다면 다양한 상품을 저렴하게 소싱할 수도 있다. 알리바바 그룹의 1688.com은 알리바바 그룹이 사업을 시작했던 대표적인 B2B 사이트로, 제조 공장이나 도매업자인 대리상이 직접 입점하고, 최소 주문 단위 1,000개 이상이면 거래할 수 있다. 또한 타오바오나 알리익스프레스(영어로 이용 가능, 제조공장, 도매상, 무역중개 대리인 입점) 등에서도 매입이 가능하다. 더불어 카페24의 자회사 제이씨어패럴과 마찬가지로 쇼핑몰 솔루션 자체가 제공하는 공급처도 있다. 이들은 쇼핑몰 네트워크를 가지고 있다 보니 여러 쇼핑몰에서 주문을 받아 대량으로 생산업체에 넘길 수 있고, 이는 원가의 절감으로 이어진다.

배송도 마찬가지다. 이커머스 풀필먼트 대행업체들이 여럿 생겨나고 있는데, 이런 서비스들을 이용하면 판매량이 적은 초기 사업체도 박스당 1,000원 수준에서 건별 출고가 가능하다. 또한 기업 이벤트 상품이나 크라우드 펀딩 상품 배송대행 서비스를 제공해주는 업체들도 있다. 흥미로운 점은 네이버가 그동안 소싱부터 배송까지 가능케 하는 밸류 체인 내 업체들에 투자를 단행해왔다는 점이다. 이를 통해 인플루언서 커머스 또는 창업을 하고자 하는 D2C 셀러들에게 원스탑 서비스를 제공해 더 많은 셀러들을 확보하고, 동시에 네이버 스마트스토어 내 상품군을 늘리고, 네이버 쇼핑 거래액을 극대화하고자 하는 전략으로 풀이된다.

인플루언서 커머스의 명과 암: 임블리

한국 인플루언서 커머스의 대표적인 성공사례가 임블리다. 또 동시에 커머스에서 상품 관리가 얼마나 중요한지를 단적으로 보여주는 사례가 임블리기도 하다. 임블리는 인스타그램 팔로워 66만 명을 가지고 있는 인플루언서로(호박즙 사건 이전에는 80만 명), 같은 이름의 쇼핑몰을 2013년에 오픈해 2016년 기준 약 700억 원대의 매출액을 기록한 브랜드를 운영했다. 사업 시작 이후 오프라인 점포 확장, 화장품 브랜드 블리블리 론칭 등 사세를 확장하였는데, 2015년 시작한 화장품 브랜드 블리블리는 당시 전체 매출액의 약 15% 수준을 차지하며 신사업도 잘 안착하는 모습이었다. 이처럼 임블리는 상품군도 확대하고, 온라인에서 확보한 고객층을 기반으로 오프라인 매장도 개점하는 등 성장을 지속하고 있었으나, 2019년 매출액이 전년 대비 43% 감소하고 영업손실 131억 원의 적자로 전환하게 되는 사건이 일어난다.

임블리는 상품군 확대 측면에서 건강기능식품업체와 협업해 호박즙을 판매하고 있었는데, 여기서 곰팡이가 나왔다는 소비자의 제보가 발단이 됐다. 호박즙을 환불해달라는 고객의 요청에 그동안 먹은 것은 확인이 되지 않으니 남은 수량과 폐기한 한 개만 교환 해주겠다는 적절하지 못한 대처를 했고, 이 때문에 여러 팔로워들로부터 공분을 샀다. 이 사건은 호박즙 외에도 과거 판매했던 상품들에 대한 여러 논란에 불을 지폈고 결국 불매 운동까지 이어졌다. 이는 인플루언서 커머스 내 소통이 얼마나 중요한지와 노하우가 없는 개인이 식품 카테고리 판매를 운영하기가 얼마나 어려운지를 시사한다. PART 1에서 언급한 대로 대형마트 업체들의 온라인 식품 시장에서의 우위를 확인시켜주는 대목이기도 하다.

"텔레비전에(X) 유튜브(O)에 내가 나왔으면 정말 좋겠네"

'텔레비전'이라는 동요의 노랫말이 '유튜브'로 바뀐다 하더라도 이상하지 않은 시대가 왔다. 유튜브 및 각종 SNS를 통해 앞으로 더 많은 인플루언서가 지속해서 등장할 것이다. 요즘 어린이들은 말 못하는 영유아기부터 유튜브로 뽀로로를 보며 자란 세대인 만큼, 동영상 플랫폼에 친숙하고 콘텐츠를 만들어내는 데에도 거리낌이 없기 때문이다. 이를 방증하듯 최근 어린이들의 장래 희망에 유튜버가 10위 안에 올라 주목을 끈다. 교육부와 한국직업능력개발원이 발표한 2019년 초중등 진로교육 현황조사 결과에 따르면 초등학생 장래희망 순위 3위에 유튜버가 올라 의사를 제쳤다.

▶ 초등학생 장래희망 순위

순위	2018년	2019년
1	운동선수	운동선수
2	교사	교사
3	의사	유튜버
4	요리사	의사
5	유튜버	요리사
6	경찰관	프로게이머
7	법률전문가	경찰관
8	가수	법률전문가
9	프로게이머	가수
10	제빵사	뷰티디자이너

자료: 교육부

정보통신정책연구원 보고서에 따르면 2018년 초등학교 고학년의 스마트폰 보급률(81.2%)은 처음으로 80%대를 돌파했다. 또한 최근 3년 새 초등학생의 스마트폰 이용 시간은 70% 이상 증가했다. 이러다 보니 아이들은 지속적으로 유튜브나 동영상 콘텐츠에 노출되고 있고, 와이즈앱에 따르면 2021년 1월 1개월 동안의 10대 유튜브 이용 시간은 46시간 52분으로 전 연령대에서 가장 긴 시간을 기록했다. 향후 소비를 이끌어나갈 세대가 동영상 플랫폼과 콘텐츠에 열광하고 있다는 것은, 관련 산업의 성장과 더 많은 인플루언서 등장에 대한 전망에 힘을 실어준다.

실제로 국내에서 최대 광고수익을 올리고 있는 유튜브 채널인 보람튜브가 대표적 사례다. 보람튜브는 2021년 현재 8세인 이보람 양이 운영하는 채널 중 하나로, '보람튜브', '보람튜브 브이로그', '보람튜브 토이리뷰' 등 운영 채널의 구독자 수를 합하면 4,300만 명 이상에 달한다. 언론에 따르면 이 채널들을 운영하는 가족 회사의 2019년 연간 수입은 300억 원 수준으로 알려졌으며, 서울 강남에 95억 원에 달하는 건물을 매입하기도 했다.

한국뿐만이 아니다. 이는 전 세계적인 메가 트렌드인데, 포브스에 따르면 2019년 유튜버 수입 1위에 오른 주인공은 미국의 8세 남자 어린이인 라이언 카지(Ryan Kaji)였다. 라이언은 2015년 장난감을 뜯고 가지고 노는 내용으로 채널을 시작했는데, 2018년 6월부터 1년 동안 2,600만 달러(한화 309억 원)에 달하는 수입을 올린 것으로 추정된다. 또 한 가지 놀라운 점은 수입 순위 3위에 새로 진입한 유튜버 또한 5살짜리 소녀라는 점인데, 2014년생인 러시아 어린이 아나스타샤 라진스카야는 2019년 수입으로 인생을 시작한 지 5년 만에 1,800만 달러(214억 원)를 벌어들였다.

▶ 2019년 글로벌 유튜버 수입 순위

순위	채널명	카테고리	수입 (만달러)	수입 (억원)	내용
1	라이언 월드 (Ryan's World)	키즈	2,600	309.4	어린이 콘텐츠
2	듀드퍼펙트 (Dude Perfect)	스포츠 예능쇼	2,000	238.0	스포츠 예능, 상황극
3	나스티아(Like Nastya)	키즈	1,800	214.2	어린이 콘텐츠
4	레트 앤 링크 (Rhett & Link)	일상	1,750	208.3	일상 대화
5	제프리 스타 (Jeffree Star)	메이크업	1,700	202.3	메이크업
6	프레스톤(Preston)	게임	1,400	166.6	게임 리뷰
7	퓨디파이(PewDiePie)	게임	1,300	154.7	게임 리뷰
7	마키플라이어 (Markiplier)	게임	1,300	154.7	게임 리뷰
9	다니엘미들턴 (DanTDM)	게임	1,200	142.8	게임 리뷰, 프로게이머 출신 유튜버
10	베노스게이밍 (VanossGaming)	게임	1,150	136.9	게임 리뷰

자료: Forbes, 이베스트투자증권 리서치센터
주: 2018년 6월 1일부터 2019년 6월 1일까지 기준. 환율 1$ = 1,190원 적용

이처럼 우리 주변에서 흔히 볼 수 있는 평범한 사람들이 나이를 불문하고 유명해지고 있고, 이들은 크리에이터라는 명칭으로 불리며 여러 가지 콘텐츠를 만들어내고 있다. 실제로 2018년 1월부터 시행된 제7차 한국표준직업분류 개정안에는 미디어 콘텐츠 창작자(크리에이터)라는 직업이 등재됐다. 유튜브나 인터넷 플랫폼상에서 활동하는 크리에이터들을 정식 직업으로 인정한 것이다. 그리고 이들이 만들어나갈 수익 모델도 향후 커머스 부문의 한 축으로 자리매김할 것이다.

04

리테일테크 혁신

공중에 떠다니는 물류창고? 리테일테크의 시대!

2017년 연간 S&P 500 지수 편입 기업들의 R&D 투자 금액 1위를 아마존이 차지했다. 2017년 아마존은 총 226억 달러(약 24조 1,300억 원)를 R&D 투자에 사용했는데, 이는 전년 대비 40.4% 증가한 금액이다. 아마존은 IT기업들인 알파벳(166억 달러), 인텔(131억 달러), 마이크로소프트(123억 달러), 애플(116억 달러) 등을 제쳤으며, 특히 애플에 비해서 약 2배에 달하는 금액을 연구 개발에 투자했다. 이처럼 과거 R&D 투자가 제약 및 자동차 기업들에 의해 많이 진행되었다면, 최근에는 플랫폼 기업 또는 유통업체 또한 그에 못지않게 연구개발을 진행 중이다. 2014~2018년 테크 기업들의 누적 R&D 투자 금액으로 봐도 아마존이 단연 1등이었다.

아마존의 연구 개발 비용은 아마존웹서비스(AWS)에도 많이 사용되겠으나, 인공지능 플랫폼 알렉사, 무인 점포 아마존고 등 리테일 분야에도 널리 쓰이고 있다. 아마존은 최근 형광 잉크를 통해 빠르게 옷을 자르고 재단하는 로봇 시스템, 지하 전용 배송 시스템 등 새로운 기술들에 관한 특허들을 여럿 출원하기도 했다. 비단 아마존뿐만 아니라, 미국 유통 공룡 월마트도 공중에 떠다니는 물류창고, 자율 주행 스마트 카트, 집 안에 설치할 수 있는 가정용 무인 상점 장치 등에 대한 특허를 확보했다. 이처럼 오프라인/온라인 유통 채널과 점포는 4차 산업혁명 신기술과 만나 진화하고 있으며, '리테일테크(Retailtech)'라는 개념으로 떠오르고 있다.

"4차 산업혁명 신기술이 유통업에 날개를 달아주다!"

점포(Shop)와 쇼핑(Shopping) 모두 리테일테크를 통해 점차 진화할 것으로 전망한다. 과거 유통업체들이 핵심 상권 확보에 집중하여 투자했다면, 이제부터는 새로운 기술을 접목한 점포의 진화와 쇼핑 체험/마케팅 고도화, 물류 혁신에 중점을 두고 투자가 이루어질 것이다. 오프라인 유통업은 상승하는 지대와 높은 인건비로 마진 압박에 시달리고 있으며, 온라인 유통업은 가격 경쟁이 심화되면서 차별화 포인트를 찾고 있기 때문이다. 리테일테크 투자를 통해 오프라인과 온라인은 유기적으로 연계될 것이다. 소매업 내 물류는 더욱 빠르고 저렴해질 것이고, 고객 접점은 더욱 촘촘해지며 마케팅은 더 정교해질 것이다. 지난 몇 년간 온라인 유통업이 가격 경쟁력과 편의성으로 소매업의 주도권을 빼앗았던 것이 가장 큰 이슈였다면, 이제는 리테일테크를 통해 옴니 채널로서의 진화가 중요해지는 시점이다.

▶ **리테일테크(Retailtech) 적용 분야 목록**

기술	내용
머신 러닝	- 스마트로봇 카트: 점포 내에서 다양한 기능 수행 - 챗봇: 고객과 대화를 통해 데이터를 축적하고 분석, 　성향에 맞는 상품 제안
안면 인식(Facial Recognition)	- 안면 인식 결제: 스마트폰 태그 없이 얼굴을 통해 결제 구현 - 보안 기술: 무인 점포 내 도난 방지
로보틱스	- 물류센터 자동화: 피킹 및 분류 로봇 시스템 - 점포 내 서빙 로봇, 포터 로봇
RFID	- 결제: RFID 태그를 통한 셀프 계산대 - 물류창고 내 재고 관리 시스템

인공지능	- 음성 쇼핑: 음성인식 AI를 통한 쇼핑 - 큐레이션 커머스: 빅데이터와 AI를 접목해 적합한 상품 추천, 구매전환율 제고
3D 프린팅	- 소비자 맞춤 상품 제작을 통한 개인화
사물인터넷	- 무노력 쇼핑: 고객이 인식하기 전에 기기나 소비재들이 직접 쇼핑 - 스마트홈: 가전제품의 제어를 통한 생필품 쇼핑
자율주행	- 자율주행차를 통한 Last-mile 단 배송 - 점포 내 자율주행 카트
증강 현실(AR)	- 가상 이미지를 덧입혀 매장에 가지 않고도 상품 배치 등 활용 가능
가상 현실(VR)	- 매장에 가지 않고 피팅 서비스 가능
빅데이터	- 소비자 구매패턴과 선호도 파악을 통한 서비스 고도화
드론	- 드론을 통한 Last-mile 단 무인 배송 - RFID 리더 드론을 통한 재고 관리 시스템

자료: 이베스트투자증권 리서치센터

고객님이 진짜로 원하는 건 그게 아니에요, 발품 팔지 마세요 - 무노력 쇼핑

넷플릭스 드라마 '블랙 미러' 시즌4에 '시스템의 연인' 이라는 에피소드가 있다. 미래의 어느 시점, 사람들은 커피숍 진동벨 같은 기기를 들고 다닌다. 이 기기는 연인을 찾아주는 기능을 가지고 있는데, 사람들은 기기에 장착된 '코치'라는 AI가 알려주는 대로 소개팅을 한다. '코치'는 기기의 주인이 여러 사람들을 만나는 동안 데이터를 쌓고, 이를 통해 최적의 짝을 찾아주는 것이 목표다. 가장 흥미로운 점은 버튼을 누르면 그 관계의 유효기간까지 알 수 있다는 것이다. 상대방과 함께 화면을 누르면 이 관계가 몇 년, 심지어 몇 시간 지속될지를 알려준다. 이 에피소드에 등장하는 주인공 남녀는 처음부터 서로에게 끌린다. 대화도 잘 통하고, 첫 만남에 호감이 생긴 것처럼 보인다. 하지만 재미삼아 확인해보자고 버튼을 눌렀더니, 그들은 12시간 동안 지속될 관계에 불과했다. 주인공들은 그 뒤로 쭉 이어지는 길고 짧은 다른 만남들에도 서로를 잊지 못하고 그리워한다. 스포일러가 될 테니 자세한 내용을 말할 수는 없지만, 결국 코치는 정확한 결정을 내려준다.

주인공의 대사 중에 이런 말이 있다.

"시스템이 생기기 전에는 힘들었겠어요. 자기가 스스로 알아서 사람들을 사귀어야 하고 짝을 찾아야 했잖아요."

"맞아요, 결정 장애가 왔겠죠. 선택할 게 너무 많아서 결정을 못하는 거요."

쇼핑을 할 때에도 결정을 내리는 데에 종종 어려움이 생기곤 한다. 예산 때문에 마음에 드는 여러 개 중 한 가지를 골라야 한다든지, 나중에도 계속 잘 쓸 수 있을지, 나에게 진짜 잘 어울리는 색깔인지 등을 소비자들은 수도 없이 고민한다. 미래에는 이러한 일들도 사치가 될지 모른다. AI가 추천하는 쇼핑이 활성화하고 있기 때문이다.

"향후 3개월 동안의 예상 습도와 고객님의 두피 정보를 바탕으로 추정한 결과, 장바구니에 담으신 상품은 고객님께 적합하지 않을 수 있습니다. 그래도 결제하시겠습니까? [아니오]를 누르시면 데이터에 기반해 가장 적합한 상품을 추천해드립니다."

앞으로 온라인 쇼핑을 할 때 이러한 일들이 발생할 수 있다. 마음에 드는 상품을 장바구니 안에 골라 담아놓고 결제를 진행하려는 순간, 쇼핑몰이 나를 가르치려드는 일이 비일비재할 것이다. 나 자신보다 나를 더 잘 아는, 데이터에 기반해 보다 정확하고 합리적으로 상품을 골라주는 쇼핑몰들이 등장할 것이기 때문이다. 한마디로 내가 무심코 골랐지만 알고 보면 진짜 내가 원하는 것이 아닐 수도 있고, 내가 골랐지만 실제로 나에게 안 맞을 수 있는 아이러니한 상황을 각인시켜주는 것이다.

실제로 이런 일들이 서서히 나타나고 있는데, 가깝게는 네이버에서 찾아볼 수 있다. 네이버가 론칭한 에이아이템즈(AiTEMS)는 AI를 기반으로 한 개인 맞춤형 상품 추천 시스템이다. 사용자가 검색, 쇼핑, 뉴스 등 네이버의 다양한 서비스에 남긴 흔적과 이력들을 바탕으로 관심사를 파악하고, 이를 통해 취향에 맞는 상품을 추천해준다. 골프 모자를 여러 개 검색했다면, 그 이후에는 좋아할 만한 골프 모자를 모아서 보여주는 식이다.

이는 해외에서도 여러 업체들이 도입하고 있는 서비스인데, 그중 스티치픽스라는 회사가 대표적이다. 스티치픽스는 2011년 설립된 의류 회사로, 개인에게 맞춤 스타일링 서비스를 제공한다. 고객이 스티치픽스 홈페이지를 통해 취향 분석에 응답하면, 이를 기반으로 스타일리스트가 5개의 아이템을 골라 고객에게 보내준다. 이때 스타일링 제공 수수료 20달러를 부과한다. 고객은 큐레이션되어 보내진 상품을 받은 뒤, 3일 내에 구매 또는 반송을 결정할 수 있다. 집에서 마음껏 입어본 후, 5개 상품 중 한 개라도 구매하게 된다면 스타일링 수수료 20달러를 제외한 나머지 금액만 결제하면 되고, 상품 배송과 반품 모두 무료다.

스티치픽스는 데이터 기술과 AI 머신러닝 기술을 통해 고객의 취향을 분석하고, 이를 자신들이 보유하고 있는 1,000개 이상의 제품 데이터와 매칭시키는 알고리즘을 구축했다. 고객이 몇 가지 옵션을 추려 제시하면 3,900명의 "인간" 스타일리스트들이 최종적으로 의견까지 더해 옷과 구두, 가방 등 아이템을 골라준다. 이를 통해 스티치픽스는 단순히 큐레이션을 하는 것에서 더 나아가 직접 보내주고 고객이 실제로 본 후 결정하게 함으로써 쇼핑을 더욱 편리하면서도 쉽게(Effortless) 만든다. 고객이 옷을 고르고 그에 맞는 액세서리와 각종 소품들을 매치해야 하는 시간과 노력을 절약해주는 것이다.

이는 온라인 쇼핑이 활성화된 요즘 더 유효한 기능이라고 볼수 있는데, 과거 소비자의 유통 접점이 오프라인 점포에 한정되어 있을 때는, 고객이 직접 방문하는 점포의 취급 품목 수만큼의 선택지만 있었다. 그러나 온라인으로 전 세계의 정보가 접근 가능해졌고, 전세계의 상품을 구매할 수 있게 된 지금은 고객들에게 쓸데없이 너무 많은 선택지가 제공되고 있다. 무언가를 고르는 데 더 많은 시간과 노력이 할애될 수밖에 없다는 뜻이다. 스티치픽스의 CEO인 카트리나 레이크의 언급과 일맥상통한다. "소비자는 자신에게 어울리는 단 한 벌의 청바지를 찾고 싶어하지, 수많은 선택권을 원하지 않는다".

이러한 과정들을 생략해주면서도 고객의 취향에 딱 맞는 스타일을 제시한다는 것은 소비자들에게 매력적으로 어필되었고, 매출액 또한 코로나 이전까지는 두 자릿수씩 성장했다. 활성 사용자 수도 2016년부터 매년 두 자릿수 성장률로 늘어 2021년 3월에는 385만 명에 달했다. 일단 활성 사용자를 확보하면, 사용자가 픽스를 구매하든 반품시키든 그와 관련된 데이터가 쌓인다. 이를 통해 회차가 반복될 수록 더욱 유효한 결과값을 내놓을 수 있게 된다. 스티치픽스는 이를 바탕으로 소비자의 데이터 및 피드백을 바탕으로 PB브랜드도 만들어내기 시작했다.

이와 더불어 미래에는 발품을 팔 필요도, 모바일에서 터치조차 할 필요도 없는 쇼핑이 확산될 것이다. 사물인터넷 기술이 적용된 기기들이 예측형 커머스(Predictive Commerce)를 가능케 할 것이기 때문이다. 예측형 커머스는 사물인터넷을 통해 기기들이 연결되고 고객에 대한 정보를 수집하고 분석, 이를 바탕으로 자동으로 쇼핑을 하도록 만들어주는 기술을 말한다. 축적된 데이터와 실시간 정보를 통해 구매에 대한 니즈를 소비자가 직접 파악하기도 전에 1)기기가 이를 파악하고 2)구매할 만한 상품을 추천하거나 3)직접 주문하는 것이다.

집안의 가전들이 알아서 주문하는 일들도 나타날 수 있다. 세제가 떨어질 것 같으면 세탁기가 알아서 세제 주문을 하고, 냉장고에 있는 달걀과 요거트를 사용자가 본래 소비하는 사이클에 기반해 주문해야 할 시기가 도래한 것 같으면 알아서 주문하는 식이다.

스마트 의류 또한 이러한 쇼핑을 가능케 할 수 있다. 예를 들어 일정 캘린더에 중요한 플래그 표시가 있는 약속이 몇 시간 뒤에 있는 것을 의류가 인지하고 있는데, 간장이 튀어 얼룩이 졌다고 가정해보자. 스마트 의류가 이를 인지하고 가까운 상점에 있는 재고를 확인할 수 있다. 그리고 스마트폰으로 고객에게 푸쉬를 보내 이러한 옵션이 있으며 구매를 원하는지 물어볼 수 있다. 허무맹랑한 이야기 같지만, 실제로 자카드 재킷을 터치하면 스마트폰의 음악을 재생시킨다든지 지도에 기록을 남기는 것이 가능한 옷이 리바이스에서 개발되기도 했다. AI를 통해 날씨와 계절에 따라 세탁 코스를 맞춤 추천해주는 세탁기도 출시되고 있고, 식자재를 자동으로 인식하고 이를 통해 맞춤형 식단을 제공하는 냉장고, 레시피를 가르쳐주는 오븐 등 생각보다 많은 곳에서 이러한 변화가 나타나고 있다. 이처럼 소비자가 인지하기도 전에 쇼핑을 해주는 일들은 생각보다 머지 않았다.

> *"예측형 커머스가 실현되면 인류는 더 이상 쇼핑을 위해*
> *귀찮을 필요가 없다!"*

그동안 무노력(Effortless) 쇼핑에 대한 시도는 여러 번 있었다. 2015년 아마존의 대쉬 버튼, 대쉬 완드 등이 대표적이었는데, 이는 집에서 반복적으로 소비되는 일용품이면서, 브랜드의 교체가 별로 없기 때문에 단순히 주문만 하면 되는 상품들을 버튼을 눌러 쇼핑하게 하는 형태였다. 예를 들어 세제, 기저귀, 식료품, 면도기 등 집 안 원하는 곳(보통 그 상품이 위치한 곳)에 버튼을 붙여놓고, 물품이 떨어졌을 때 버튼을 누르기만 하면 아마존의 원클릭을 통해 바로 주문이 들어가는 서비스였다. 다만 이는 기기나 버튼을 상품마다 구매해야한다는 번거로움이 있었기 때문에, 2019년 버튼을 단종시키면서 이를 알렉사에 탑재하는 식으로 변경했다. 마찬가지로 바코드 스캐너가 탑재돼 음성 인식 기능으로 주문할 수 있었던 대쉬 완드도 2020년 7월부로 지원을 종료했다. 향후 AI 비서 알렉사가 많은 역할을 대체할 것이다.

중요한 점은, 생각보다 많은 업체들이 쇼핑에 수반되는 반복적이고 무의미한 과정들을 생략하기 위한 노력을 지속해왔다는 것이다. 그리고 이러한 편리함을 소비자에게 어필해 고객을 꾸준히 자사 플랫폼에 묶어두게 하는 Lock-in 효과를 노리고 있다. 한국 또한 이제 막 이런 시도가 나타나기 시작했으며, 아직 압도적인 성과를 보이는 업체가 없긴 하지만 향후 주목해야 할 시장이다.

로봇의 천국, 똑똑해지는 물류센터

유통업체에 있어서 물류는 향후 필수 투자 부문이 될 것이다. 유통업 내 온라인 비중이 높아지고 있는데, 온라인 주문에서 기존 오프라인 유통보다 더 중요한 요소는 물류다. 모바일로 쇼핑을 하든, VR을 통해 쇼핑을 하든, 사물인터넷을 통해 자동으로 쇼핑이 되든, 주문한 물건은 실물로 구매자에게 운송되어야 하기 때문이다. 따라서 과거 오프라인 유통에서는 B2B에 그쳤던 물류가, B2C까지 연결되면서 중요한 요소로 부각되고 있다. 이러한 측면에서 유통업체들에게 더욱 신속하고 효율적인 물류와 배송은 향후 분명한 경쟁력과 차별점이 될 것이다.

아마존이 2012년 인수한 키바(현 아마존로보틱스)가 물류센터 로봇의 대표적 예다. 키바는 로봇 청소기처럼 생긴 무인운반차 AGV(Automated Guided Vehicle)로 아마존의 물류센터에서 중요한 역할을 하고 있다. 온라인 주문의 내용을 완성하기 위해 예전에는 사람들이 직접 물류창고 선반들을 다니며 피킹했다면, 키바는 상품 진열 선반 밑으로 들어가 선반째로 작업자에게 옮겨 준다. 물품이 사람 앞으로 이동하는 Goods To Person(GTP) 방식이다. 작업자는 시스템에 표시된 물품을 선반의 위치에서 꺼내 움직일 필요없이 같은 자리에서 계속 피킹할 수 있어 시간을 절약할 수 있다. 실제로 아마존은 키바를 통해 약 25억 달러의 비용을 절감한 것으로 알려져 있다. 이러한 AGV는 알리바바, 징동의 물류센터에도 도입되어 있으나, 한국에는 아직 널리 보급되지 않았다. 또한 상품이 사람 앞으로 이동한 이후 손으로 집는 것은 사람이 하고 있지만, 이런 부분도 자동화하기 위해 로봇팔도 활발히 개발되고 있다. 특히 신선식품은 망가질 우려가 있는데, 이런 것들도 사람의 손처럼 부드럽게 집을 수 있게 하는 로봇도 등장했다.

중국의 징동이 공개한 물류센터에서 보이는 로봇팔은 독일의 쿠카(KUKA) 제품이다. 중국의 두뉴스(DONEWS)에 따르면, 징동의 자동 분류 한 라인은 한 시간에 15,000건에서 24,000건을 처리할 수 있는데, 이는 인력을 통한 분류보다도 효율이 74.1%가량 높은 수준으로 알려졌다.

또한 물류센터 가격이 비싼 상황에서, 좁은 공간에서도 효율을 낼 수 있는 물류창고 시스템도 널리 확산될 것이다. 노르웨이 로봇 전문기업 오토스토어는 큐브 스토리지 자동화(Cube Storage Automation) 기술을 개발해 유통업체, 물류업체들에게 제공하고 있다. 통상 물류센터는 선반과 복도가 있고, 선반에 적재된 물품을 복도에서 사람이나 키바 같은 로봇들이 왔다갔다 하며 피킹

하는 형태다. 오토스토어의 기술의 핵심은 이 공간들도 압축해 면적을 최소화하는 물류센터다. 상품이 토트라고 불리는 바구니에 품목별로 담겨 있고, 그 토트들이 차곡차곡 쌓여 거대한 큐브 형태가 된다. 피킹 로봇이 큐브의 최상단에서 돌아다니며 마치 인형뽑기를 하는 것처럼 자동으로 토트를 들어올리고, 이를 작업자 앞으로 이동시킨다. 이 시스템은 일본의 가구업체 니토리가 2016년에 도입했고, 국내 대형마트들이 벤치마킹하고 있는 영국 온라인 식료품 회사 오카도도 도입해 운영 중이다. 이러한 방식의 물류센터는 1)기존 물류창고 대비 공간의 면적이 크게 필요하지 않고, 2)물류 효율이 크게 향상된다는 점에서 확산할 것이다. 특히, 2020년 10월 오토스토어가 한국 시장 진출을 공식 선언함에 따라, 이러한 기술에 대한 인지도가 높아질 것이다.

마지막 접점까지 자동화한다: 라스트 마일(Last-Mile) 혁명

2017년 9월, 블룸버그에 "쇼핑의 외로운 미래(The Lonely Future Of Buying Stuff)"라는 흥미로운 칼럼이 실렸다. 이 기사는 2036년에 케이틀린이라는 26세의 여성이 29달러짜리 스니커즈 한 켤레를 구매하는 내용이었다. 케이틀린이 구매한 스니커즈는 중국 동관의 무인 공장에서 만들어졌고, 컨테이너에 실려 밴쿠버를 지나 캘리포니아까지 무인운행 선박을 통해 운반되었으며, 케이틀린이 온라인 사이트에서 주문하자 자율 주행 트레일러 트럭을 통해 미국 내에서 이동한 후 최종적으로 드론을 통해 배송되었다. 결론적으로 그 스니커즈를 '최초로 보게 된 사람'은 아이러니하게도 '최종 소비자'였다는 내용이다. 앞서 서술한 내용대로 소비자에게 상품이 전달되기까지의 많은 부분이 실제로 자동화되었고, 마지막 접점인 라스트 마일도 자동화하기 위한 노력이 지속되고 있다.

배송 자동화는 드론과 드로이드, 자율주행차 등을 통해 활발하게 실험되고 있다. 블룸버그에 따르면 배송비용 중 라스트 마일 단계에서의 비용이 전체의 약 30~40%를 차지하고 있다. 따라서 허브에서 최종 목적지까지 가장 마지막 구간의 배송을 자동화할 경우 상당한 배송비 절감이 가능하다. 이를 위해 아마존은 2013년 프라임 에어를 통해 반경 10~20km에 30분 내 드론 배송을 상용화하겠다고 발표했으며, 2016년 12월 세계 최초로 드론을 이용한 무인 배송에 성공했다. 2020년 9월에는 미국 연

방항공청으로부터 배송용 드론에 대한 운항허가도 받게 됐다. 2019년 4월 알파벳 자회사 윙이 드론을 이용한 상업적 배송을 가장 먼저 승인받았고, 이와 더불어 10월에는 물류업체 UPS도 드론의 배송 승인을 받았다.

이 외에도 중국 전자상거래업체와 일본 택배업체 등이 무인 배송을 위해 혁신 중이다. 특히 일본은 고령화와 저출산에 발맞추어 자율주행 차량을 이용한 배송을 시험하고 있다. 일본 젊은 이들이 노동의 강도가 높고 장시간 일해야 하는 직종을 꺼리면서, 물류 산업 내 인력 부족현상이 심해지고 있기 때문이다. 또한 1인가구의 증가 영향으로 수취인이 부재 중인 가구가 늘어나면서, 한 번에 전달하지 못하는 택배량이 많아지고 있는 점도 한 몫했다. 일본 국토교통성 조사에 따르면, 일본 전체 택배 배송량의 20%(약 7억 5,000만 개)가 재배달 화물이며, 택배업계 인력의 약 10%(약 85,000명)가 재배달에 소모되고 있다.

이런 비효율을 줄이고 인력난을 해소하기 위해 야마토 운수는 2017년 4월 1년 동안 차세대 배송서비스 실험에 들어갔다. 자율 주행차로 운영되는 '로보네코 딜리버리'다. 실험 지역 내 이용자가 원하는 시간과 원하는 장소를 입력하면, 무인배송 실험 차량이 지정된 위치로 배달해주는 형태다. 수취자는 비밀번호와 QR코드로 잠금장치를 해제하고 주문물품을 직접 받을 수 있다.

한국 또한 코로나19로 인해 물량이 폭증하고, 택배 인력 수급은 어려운 상황이며, 비대면 수요는 꾸준히 이어지고 있다. 이에 비대면 택배 서비스에 대한 수요도 확대될 것이다.

05

라이브 커머스

이제 홈쇼핑 분석 안 하겠습니다

"센터장님, 저 이제 홈쇼핑 커버 안 하겠습니다. 없어질 것 같아요."

보통 유통업종을 담당하는 애널리스트들은 백화점, 대형마트, 홈쇼핑, 편의점 주식들을 기본적으로 분석한다. "커버리지를 가져간다"는 표현은 종목의 매분기 프리뷰와 리뷰 작업을 하고, 목표주가와 투자의견을 지속해서 제시하겠다는 뜻이다. 나는 2019년부터 홈쇼핑 업종을 더 이상 분석하지 않겠다고 선언했다. 대신 운송업체인 CJ대한통운을 유통업에서 함께 분석해야 한다고 주장했는데, 이는 이커머스 침투에 따라 택배 성장이 함께 성장하는 분야라 판단했기 때문이다. 실제로 홈쇼핑 상장사는 GS홈쇼핑, CJ오쇼핑, 현대홈쇼핑, 엔에스쇼핑 등이 있었는데, 2018년 CJ ENM으로 CJ오쇼핑이 합병되면서 3개로 줄어들었고, 2021년 7월 GS홈쇼핑이 GS리테일로 합병될 전망이라 남은 순수 홈쇼핑 상장사는 현대홈쇼핑과 엔에스쇼핑 두 개가 될 예정이다(롯데홈쇼핑은 롯데쇼핑 자회사로 포함되어 있다).

당시 내가 그렇게 생각했던 이유는 2가지다. TV 시청시간이 줄어든다는 점과, 중국에서의 라이브 커머스 성장세가 거셌기 때문에 많은 부분이 대체될 것이라 전망했기 때문이다. 라이브 커머스란, 실시간 동영상 스트리밍을 통해 상품을 소개하고 판매하는 형태다. 특히나 코로나19로 소비자와의 접점이 없어진 업체들이 라이브 커머스 진출을 가속화하면서, 성장성에 대해 더욱 확신을 가지게 되었다. 한국도 네이버와 카카오 같은 플랫폼 업체들이 2020년 코로나19로 인해 라이브 커머스 진출을 선언했고, 이어서 쿠팡도 라이브 커머스를 론칭하고 배달의민족 또한 배민쇼핑 라이브를 론칭했다.

이에 질세라 기존 오프라인 유통업체들도 라이브 커머스에 속속 진입하기 시작했다. 오프라인 채널 방문이 어려워졌기 때문이다. 백화점업체들은 코로나19로 인해 운영 중인 오프라인 매장에서 방송을 진행하며 판매를 하기도 했고, 실제로 현대백화점이 진행했던 테스트 라이브 영상에는 10,000여 명이 접속해 40분 동안 1,500만 원의 매출액을 기록했다. 적은 규모가 아니다. 이는 상위권 점포에 입점한 영캐주얼 상품군 브랜드의 10일간의 평균 매출액에 준하는 수준이기 때문이다. 이처럼 라이브 커머스는 비단 플랫폼 업체뿐만 아니라 기존 유통업체들 또한 코로나19 극복 방안으로 집중하고 있으며, 이에 향후 확장성과 시장에 대해 분석해야 하는 시점이다.

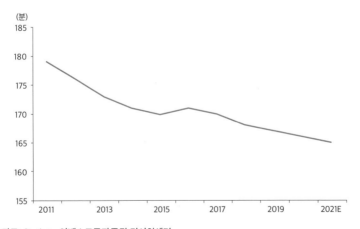

▶ 전 세계적으로 TV 시청 시간은 지속해서 줄어들고 있음

자료: Statista, 이베스트투자증권 리서치센터

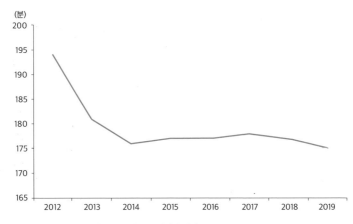

▶ 한국 TV 시청 시간 또한 감소세

자료: 방송통신위원회, 이베스트투자증권 리서치센터

Mobile killed the TV star

시장조사기관 스태티스타(Statista)에 따르면 전 세계적으로 일일 TV 시청 시간은 2011년 179분에서 2021년 165분까지 하락할 것이다. 이는 한국도 마찬가지로, 2012년 194분에 달했던 일일 TV 이용 시간은 2019년 10%가량 감소한 175분을 기록했다. 이는 당연하게도 동영상 스트리밍 서비스가 보편화되고, 이를 통해 스마트폰을 기반으로 한 모바일 콘텐츠의 확산이 나타나고 있기 때문이다. 방송통신위원회 자료에 따르면, 온라인 동영상 제공 서비스 이용률은 전 연령대에서 52%까지 상승했고 향후 소비를 이끌어나갈 세대인 10~20대에서는 83~85%에 달했다.

이에 따라 TV 판매 기반 수익 모델을 가지고 있으며, 더불어 TV 채널의 수익성이 가장 높은 홈쇼핑 업체들은 과거 대비 효율이 떨어질 수밖에 없다. 스마트폰은 24시간 사용자 옆에 붙어 있다고 볼 수 있는 만큼 TV보다 노출도가 훨씬 더 높기 때문이다. 코로나19로 인해 외출이 줄어들면서 홈쇼핑 업체들이 대체로 양호한 실적을 기록하기도 했지만, 이는 일시적 현상일 것이다. TV 시청 시간은 구조적으로 분명히 줄어들고 있기 때문이다.

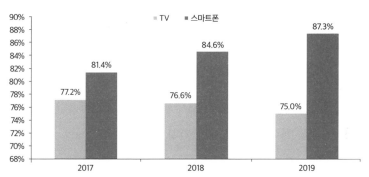

▶ 매체 이용 빈도 → 스마트폰은 증가, TV는 감소

자료: 방송통신위원회, 이베스트투자증권 리서치센터

따라서 홈쇼핑 업체들이 방송 송출을 위해 유료방송사업자

(SO)들에게 지급하고 있는 SO수수료 또한 과거 대비 효율이 떨어진다고 볼 수밖에 없다. 방송통신위원회에 따르면 2019년 홈쇼핑 업체 7개사가 SO에 지급한 송출 수수료는 1조 8,394억 원이었다. 이는 동기간 홈쇼핑 업체들이 올린 매출액 49.6%에 달하는 수치다. 또한 홈쇼핑 업체들의 매출액이 예전보다 둔화하면서, 매출액 대비 수수료 비율은 2014년 30%에서 꾸준히 상승하고 있는 추세다.

반면 최근 플랫폼들이 론칭하고 있는 라이브 커머스는 기본적으로 송출 수수료가 없고, 촬영을 위한 장비만 있으면 된다. 설사 그것이 스마트폰이라 해도 무방하다. 5G망이 발달하고 보급률이 높아지면서 라이브 스트리밍이 예전보다 원활하기 때문이다. 스튜디오도 필요없다. 유명한 쇼호스트를 섭외할 필요도 없다. 유명하지 않은 셀러들 또한 나름대로 개성있는 콘텐츠를 만들어낼 수 있기 때문이다. 이처럼 라이브 커머스는 스트리밍을 기반으로 한 홈쇼핑의 자산 경량화 모델이다.

SO를 통해 방송을 내보낼 필요가 없다 보니 송출 수수료는 당연히 필요하지 않지만, 최근 라이브 커머스 사업자들이 판매 수수료를 수취하고 있어 비교해볼 필요가 있다. 네이버가 2020년 8월부터 입점사에 판매 수수료를 부과하기로 했는데, 이는 매출의 3% 수준에 불과해 SO수수료와 대비해 현저히 낮다. 2019년 홈쇼핑 업체들이 올린 방송 거래액만큼을 모두 라이브 커머스로 일으켰다면, 플랫폼에 지급해야 할 판매 수수료는 실제 지급된 SO수수료에 비해서 1/5으로 줄어들 수 있었다.

최상위급 인플루언서 구매전환율은 20%

온라인 판매에서 구매전환율을 논할 때는 노출 대비 판매량으로 계산하는데, 라이브 커머스의 구매전환율은 높은 편이다. 통상 이커머스 구매전환율이 0.3~1% 수준으로 알려져 있는데 반해, 라이브 커머스의 구매전환율은 5~8% 수준인 것으로 파악되기 때문이다. 이처럼 유명하지 않은 일반인 진행자의 경우에도 높은 편인데, 중국 업계에 따르면 최상위 왕홍 라이브 커머스 구매전환율은 20%에 달한다. 따라서 효율을 극대화할 수 있다.

라이브 커머스가 구매전환율이 높은 이유는 실시간 소통이 좀 더 원활하며 이를 통해 상품 구매를 위한 정보를 충분히 얻을 수 있다는 데 있다. 홈쇼핑은 구매자들이 문자 메시지를 보내는 등의 소통이 있지만, 방송통신위원회의 심의를 받고 있으므로 송출이 제한적일 수밖에 없어 일방적인 소통이라 보는 편이 타당하다. 마찬가지로 인터넷 쇼핑몰 또한 상품에 대해 궁금한 점들을 Q&A 게시판 등을 통해 문의할 수 있지만 이는 실시간이라기보다는 일정 시간 뒤에 판매자가 답을 달아주기 때문에 원활한 소통이 이루어지기 어렵다. 참고로 라이브퍼슨(LivePerson)에 따르면 온라인 쇼핑몰에서 문제가 발생했을 때 고객이 기다릴 수 있는 시간은 평균 76초로 나타났다.

반면 라이브 커머스는 방송에 참여한 시청자들이 채팅을 통해 자유롭게 소통할 수 있기 때문에 좀 더 입체적인 정보를 통해 구매 결정을 하는 데 도움이 된다. 오프라인 매장에서는 직원에게 직접 물어보기 꺼려지는 내용들도 상대적으로 편하게 물어볼 수 있다. 특히 진행자가 유명 인플루언서일 경우에는 이들의 유명세 및 팬층을 기반으로 구매로 이어질 확률이 높기 때문에 판매가 더욱 유리한 측면이 있다.

이는 글로벌 업체들도 비슷하게 전망하고 있는 부분으로, 페이스북은 올해 6월 페이스북 샵스(Facebook Shops) 기능을 론칭하면서 라이브 커머스 또한 가능하게 만들었다. 페이스북은 인스타그램 쇼핑 태그 기능을 론칭한 이후, 인앱(In-App) 결제, 라이브 커머스 지원 등 페이스북 플랫폼 생태계 안에서 이커머스 부문

확장을 위한 노력을 지속하고 있다. 유튜브 또한 마찬가지로, 지난 해 연말 '쇼핑 익스텐션(Shopping Extension)'을 론칭하면서 동영상 콘텐츠와 쇼핑 기능을 연결하기 시작했다. 인터넷 플랫폼 업체들은 IT 기술을 기반으로 사업을 영위하고 있기 때문에, 이러한 강점을 살려 여러 가지 기능을 자유롭게 확장할 수 있다는 측면에서 라이브 커머스에 진입하고 있다.

한국 라이브 커머스: 2023년까지 8.5조 원 규모로 성장 전망

필자는 한국의 라이브 커머스 시장이 2023년까지 8.5조 원 규모로 성장할 것이라 추정한다. 이는 2023년 이커머스 예상 시장 규모 245조 원에 라이브 커머스 예상 침투율 3.5%를 적용해 산정한 수치다. 이미 시장이 발달한 중국의 침투율에 기반해 보수적으로 추정했기에 8.5조 원의 시장 규모는 충분히 가능한 수준으로 예상된다.

2019년 중국 이커머스 시장 규모가 9.9조 위안(B2C, C2C 합산 기준)이었고 2019년 라이브 커머스 규모가 4,338억 위안이었다는 점을 고려하면 전체 이커머스 대비 라이브 커머스 침투율은 4.4% 수준이다. 참고로 중국의 라이브 커머스 시장 규모는 2020년 9,610억 위안(한화 약 170조 원)을 기록한 것으로 추정되며, 2020년 전체 이커머스 대비 예상 침투율은 8.8%다.

2020년 한국 이커머스 시장 규모는 161조 원을 기록했는데 업계에 따르면 2020년 한국의 라이브 커머스 시장 규모는 약 3조 원 수준으로 추산된다. 따라서 라이브 커머스 침투율은 전체 이커머스 대비 1.9% 에 불과해, 향후 상승 여력을 기대할 수 있다. 현재 인터넷 플랫폼들이 라이브 커머스 시장에 뛰어들고 있고, 홈쇼핑 업체 외 전통 유통업체들 또한 진출을 가속하고 있는 만큼 시장 성장성이 높다.

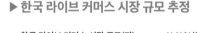

▶ 한국 라이브 커머스 시장 규모 추정

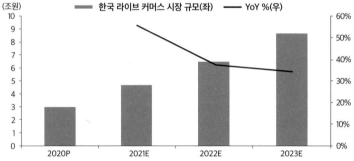

자료: 이베스트투자증권 리서치센터

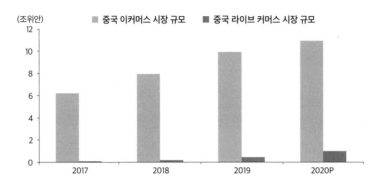

▶ 중국 라이브 커머스 시장 규모 추이

(조위안)

■ 중국 이커머스 시장 규모　　■ 중국 라이브 커머스 시장 규모

자료: 艾媒咨询, 이베스트투자증권 리서치센터

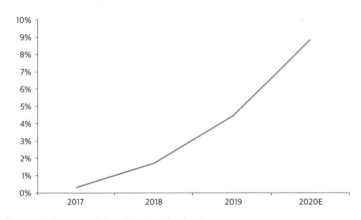

▶ 중국 라이브 커머스 침투율: 2020년 8.8%에 달한 것으로 추정

자료: 艾媒咨询, WIND, 이베스트투자증권 리서치센터

중국 라이브 커머스:
2020년 170조 원 시장 규모 추정

중국 라이브 커머스 시장은 2020년 9,610억 위안(원화 약 170조 원) 규모로 추정돼, 전체 이커머스 시장 중 약 8.8%를 차지한 것으로 보인다. 중국 라이브 커머스는 2016년부터 인플루언서들의 인기가 늘어나면서 함께 성장하기 시작했고, 이에 2017년 190억 위안 수준이었던 시장 규모가 2년 만에 23배 증가했다. 중국 라이브 스트리밍 사용자 수는 2020년 5.2억 명에 달할 것으로 전망되며, 이는 전체 인터넷 사용자 수의 60% 가까운 수치로 높은 침투율이 예상된다.

특히 이번 코로나19로 인해 중국 내 라이브 커머스 성장이 가속화하고 있다. 고객들의 오프라인 매장 방문이 어려워지자, 판매자들이 라이브를 통해 역으로 소비자들을 찾아 나서는 움직임이 나타났다. 또한 중국 상무부가 2020년 2월 코로나19로 인해 라이브 방송을 통한 농산물 유통 확대 방안을 발표하기도 했고, 라이브 커머스 활성화를 위해 광저우, 항저우, 충칭 등 11개 도시에서 라이브 커머스 지원 정책을 발표해 관련 산업은 지속적으로 커질 것이다. 실제로 중국에서는 올해 3월 말 기준 6만여 명의 농민들이 타오바오 라이브에 가입해 농산품 판매 라이브 스트리머가 된 것으로 파악된다.

중국 라이브 커머스 생태계는 생방송 콘텐츠를 송출하고 구매가 이루어지는 1)플랫폼과, 라이브 안에서 방송을 진행하는 2)인플루언서, 그리고 상품의 특성에 맞는 인플루언서를 연결해주는 소속사인 3)MCN(Multi Channel Network, 다중채널네트워크) 에이전시, 방송을 의뢰하는 4)브랜드 업체로 나눠 살펴볼 수 있다. 중국에서는 라이브 커머스 붐으로 인해 다이휘(带货)라는 신조어가 생겨났는데, 이는 유명 스타나 인플루언서가 어떤 상품의 유행을 일으키는 것을 가리키는 말이다. 인플루언서들은 즈보다이휘(直播带货, 라이브 커머스)나 숏클립 영상을 통해 상품들을 소개하고 소비자로 하여금 구매를 이끌어낸다.

플랫폼은 크게 커머스를 기반으로 하면서 라이브 기능을 붙인 업체와, 라이브 스트리밍이나 숏클립으로 콘텐츠만 소개하고 실제 구매는 아웃링크를 통해 쇼핑몰에서 이뤄지는 모델로 나눠진다. 커머스를 기반으로 하고 있는 업체는 대표적으로 알리바바의 타오바오, JD.com, 핀둬둬 등이 있고, 최근 동영상 플랫폼을 기반으로 떠오르는 업체는 더우인, 콰이쇼우, 모콰이(魔筷星选) 등이 있다.

업체별로 보았을 때 가장 점유율이 높은 플랫폼은 알리바바의 타오바오즈보(타오바오 라이브)다. 2019년 기준으로 65%에 달하는 시장 점유율을 가지고 있으며, 2,500억 위안(약 43조 원)의 거래액을 기록했다. 타오바오즈보 외에는 압도적인 시장 점유율을 확보한 업체는 없고 대체로 여러 업체들이 파편화한 점유율을 가지고 있는 것으로 추정된다. 다만 타오바오즈보 다음으로는 더우인과 콰이쇼우가 각각 9%, 6%를 차지하며 점유율을 확보하기 위해 노력 중이다. 더우인(틱톡)은 15초에서 1분 이내의 숏폼(Short-form) 형식 영상을 제작 및 공유하는 SNS 서비스다.

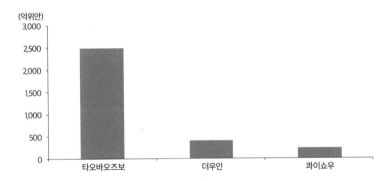

▶ 2019년 중국 라이브 커머스 플랫폼별 거래액(GMV)

자료: 鹿鳴財経, 艾媒咨询, 이베스트투자증권 리서치센터

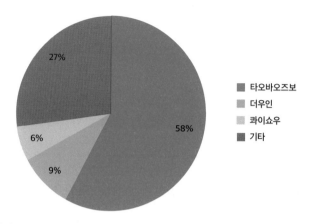

▶ 2019년 중국 라이브 커머스 플랫폼별 시장 점유율(M/S)

27%

58%

6%

9%

■ 타오바오즈보
■ 더우인
■ 콰이쇼우
■ 기타

자료: 鹿鳴財经, 艾媒咨询, 이베스트투자증권 리서치센터

　　중국 라이브 커머스 수수료는 알리마마(빅데이터 마케팅 플랫폼)
와 타오바오 라이브, MCN(이후 인플루언서와 분배)이 각각 나누는
구조다. 브랜드 업체는 판매 금액(GMV)의 15~20%를 타오바오
에 수수료로 지급한다. 이 수수료를 알리마마, 타오바오 라이브,
MCN이 각각 1: 2: 7로 분배한다. MCN은 수취한 수수료를 인플
루언서의 트래픽에 기반한 비율로 다시 나누어준다. 인플루언서
가 MCN에 소속되지 않은 독립 인플루언서라면, 이 비율은 1: 3:
6(알리마마: 타오바오 라이브: 인플루언서)으로 분배한다.

대륙의 뷰티 완판남:
엄마야, 이건 사야돼요!

2018년 광군제, 많은 이의 주목을 끌 만한 이벤트가 열렸다. 립스틱 오빠로 잘 알려진 중국 인플루언서 리쟈치와 알리바바의 마윈 회장이 라이브 방송으로 립스틱을 판매하는 대결을 펼친 것이다. 리쟈치가 1,000개 넘게 파는 동안 마윈 회장은 10개를 팔면서 참패하는 모습이 많은 이들에게 웃음을 줬다. 중국 라이브 커머스 인플루언서들 중 최상위급의 경우 팔로워 수가 3,000만 명에 달하며, 그 밑으로는 수백만 명의 팔로워를 가지고 있는 인플루언서들이 포진되어 있다. 가장 탑 클래스인 웨이야와 리쟈치의 경우 실시간 시청자 수가 1,500~2,000만 명에 달하며, 2019년 11월 11일 쐉스이 행사 동안 웨이야와 리쟈치가 판매한 금액은 각각 10억 위안(약 1,700억 원)에 달했다.

기존 라이브 커머스 판매자들은 팔로워를 많이 확보한 파워 인플루언서들이 대부분이었으나, 이번 코로나19를 계기로 오프라인 매장 방문이 어려워지면서 소상공인 및 여러 사람들이 직접 판매자로 나서기 시작했다. 오프라인 매장을 운영하는 사장이나, 기업가, 중국 당 간부 등도 판매자로 나서고 있는 상황이다. 이처럼 판매자 범위가 매우 넓어지고 있기 때문에 라이브 커머스는 규모가 작은 단위인 세포마켓에서 또한 활발해질 것으로 전망된다.

중국 라이브 커머스에서 판매가 많이 이루어지는 상품은 화장품이다. 가장 많은 GMV를 올리는 웨이야와 리쟈치의 경우 각각 화장품 판매 비중이 40%, 82%에 달하기 때문이다. 또한 의류도 라이브 커머스 내에서 인기 품목인데, 타오바오즈보 기준으로 월간 라이브 활성 사용자를 살펴봐도, 의류와 화장품이 가장 높게 나타나고 있다. 인플루언서들의 외모나 스타일이 인기에 대한 주요 요소로 작용함에 따라 이러한 품목들이 주로 라이브 커머스에서 다뤄지고 있다.

기존에는 온라인 침투율이 높고 인플루언서들의 특성을 잘 나타낼 수 있는 품목 위주로 라이브 커머스가 활성화했다. 이번 코로나19로 인해 달라진 점이 있다면, 온라인 침투가 높지 않은 상품들 또한 판매가 되기 시작했다는 사실이다. 최근 중국에서는 BMW, 아우디, 테슬라 등 자동차 회사들 또한 라이브 커머스를 통해 마케팅 중이다. 부동산 회사들 또한 코로나19 이후로 2월 이후 약 151개 업체가 라이브 방송을 시작했으며, 모델하우스에서 부동산 중개업자들이 생방송을 진행해 143개 업체가 온라인 분양을 완료하기도 했다.

또한 농산품도 코로나19로 인해 라이브 판매가 늘었다. 2020년 1분기 중국 전역의 농산품 인터넷 판매액은 937억 위안(약 15.8조 원)으로 전년 동기간에 비해 31% 증가했으며, 농산품 라이브 커머스 판매 횟수 또한 400만 회를 넘어섰다. 이처럼 기존 고객 충성도가 높고 온라인 홍보가 용이하다고 여겨지는 품목들 외에도 라이브 커머스 침투가 확장되고 있다.

Appendix. 웨이야, 리쟈치는 누구인가?

중국 인플루언서, 또는 왕홍으로 찾아보면 한 번씩은 봤을 이름들이 웨이야(Viya)와 리쟈치(Austin)일 것이다. 웨이야의 팔로워는 약 3,000만 명에 달하며, 실시간 시청자 수도 1,500만 명 수준이다. 절대적으로 커다란 숫자지만, 중국 인구에 비하면 약 2% 수준이므로 우리나라 기준으로는 100만 명 수준의 팔로워 규모라 보면 되겠다. 웨이야는 34세의 여성으로, 지난해 4월 로켓 발사권을 4억 위안에 라이브 커머스로 판매해 화제가 되기도 했다. 2020년 5월에는 3,700만 명의 시청자 수를 달성했는데, 이는 유명 드라마 왕좌의 게임 마지막회 시청자 수를 넘어서는 숫자였다.

웨이야는 "소비자들이 결정을 할 수 있게 도와주는 사람이 되고 싶다"고 밝힌 바 있는데, 화장품은 물론이고 음식료품에서 가전제품까지 다양한 품목을 판매하고 있다. 그녀의 어떤 팬은 "좋은 게 있었는데 놓치면 어떡하지?" 라는 생각(FOMO, Fear Of Missing Out)으로 매일 저녁 집에서 운동을 하거나 TV를 볼 때 웨이야의 방송을 틀어놓는다고 할 정도다.

웨이야는 안휘 지역에서 태어난 평범한 여성이었는데, 18살에 북경에서 처음으로 자신의 가게를 열었던 것이 영업 스킬을 배우게 된 첫 무대였다고 밝혔다. 더 크게 성공하고 싶어 2005년에는 수퍼 아이돌이라는 안휘 지역 방송의 오디션 프로그램에 참가하기도 했으며, 2012년에 시안 지역에 매장을 열었다가 온라인으로 판매 방식을 늘리기 시작했다.

타오바오가 2016년에 라이브 커머스를 시작했을 때, 웨이야는 초창기 판매자로 진입했으며, 4개월 만에 1억 위안을 판매하면서 유명해졌다. 지금은 자타공인 중국 탑 인플루언서 자리를 지키고 있다. 그녀가 소속되어 있는 치엔쉰(谦寻)그룹은 현재 웨이야를 포함해 수십 명의 인플루언서들이 활동하고 있고, 2025년에는 상장하는 것을 목표로 하고 있다.

리쟈치는 대학 졸업 후 로레알 화장품 매장에서 립스틱을 판매하는 직원으로 사회생활을 시작했다. 남성임에도 그는 본인이 직접 립스틱을 발라 고객들에게 보여주는 방식으로 인기를 끌었는데, 왕홍 전문기업 메이원과 로레알이 왕홍 육성 프로그램에 참가해 유명세를 얻었고, "엄마야", "사버려!" 등의 유행어를 탄생시키며 꾸준히 인기를 끌고 있다.

06

이제 경계짓지 마세요,
그냥 커머스예요

2016년 10월 항저우에서 열린 강연에서 알리바바 마윈 회장은 다소 의외의 이야기로 청중을 놀라게 했다. 전자상거래 시대가 조만간 끝날 것이라 선언한 것이다. 전자상거래로 전 세계에서 가장 큰 성공을 거둔 사람의 발언이었기에 다소 충격적이었다. 사실 그 발언은, 10~20년 안에 전자상거래만 칭하는 단어 자체는 사라지고, 대신 새로운 소매 형태인 신유통(New Retail, 新零

售)이 시작될 것이라는 속뜻이 있었다. 중국 바이두 백과는 신유통을 기업이 1)인터넷을 기반으로, 2)빅데이터, 인공지능 등 첨단 기술을 활용해 3)상품 생산, 유통, 판매 과정을 개선하고 더 나아가 4)업계 구조와 생태계를 재창조하는 것이라 풀이했다. 쉽게 정리하면 신유통은 온라인 서비스와 오프라인 체험, 첨단 물류를 융합한 형태라고 볼 수 있다. 요즘 자주 회자되는 옴니 채널이 이 내용이다.

과거 O2O라는 개념을 통해 오프라인 서비스가 온라인 플랫폼으로 단순히 연결되는 데 그쳤다면(택시 잡기 → 택시앱, 배달 시키기 → 배달앱, 부동산 중개 → 부동산앱), 신유통은 4차 산업혁명 기술을 통해 오프라인 매장과 온라인 플랫폼이 합쳐지고 여기에 첨단 물류가 도입되는 형태다. 흥미로운 것은 신유통으로 확장하는 주체가 비단 유통업체에만 국한되지 않으며 업종에 상관없이 많은 업체들이 뛰어들고 있다는 점이다. 점포를 가지고 있는 전통 유통업체부터, 4차 산업혁명 기술을 가지고 있는 IT업체, 물류업체 등 여러 주체가 신유통 안에 포함되고 있다. 핀투에 따르면, 실제로 2017년 중국 신유통 경쟁력 톱(Top) 50 업체로 샤오미, 애플 차이나, 화웨이 등의 전자제품 회사가 5위 안에 진입해 알리바바와 징동의 뒤를 이었다.

온라인 진영:
냉장고를 필요 없게 만들어줄게, 허마셴셩

알리바바의 신유통 비즈니스 중 핵심은 신선식품 플랫폼인 허마셴셩이다. 아마존이 홀푸드를 인수한 것과 마찬가지로, 알리바바 또한 허마셴셩, 바이렌 수퍼마켓, 신장쇼핑클럽 등에 투자를 통해 오프라인 채널로 확장했다. 그리고 이 전략에서는 전통적인 오프라인 점포들이 아닌, 알리바바가 보유한 신기술과 첨단 물류를 활용한 포맷이 활용되고 있다. 이를 완벽하게 구현한 점포가 허마셴셩이다.

알리바바는 2016년 3월, 징동의 물류 총괄 출신 허우이(侯毅)가 창업한 신선식품 플랫폼 허마셴셩에 투자했고, 이후 리테일테크를 적용한 점포를 확장하며 2020년 상반기 기준 240여 개 매장을 중국 전역에 운영하고 있다. 허마 매장은 3km 반경 내 거주하는 고객에게 30분 배송이 원칙이며, 이에 소위 역세권, 스세권이라 부르는 말들처럼 중국에도 허마 매장에서 배달을 받을 수 있는 지역에 있는 집들을 가리키는 '허세권'이란 신조어도 생겼다. 마윈의 후임으로 취임한 알리바바의 장융 회장은 중국에 냉장고가 없어질 것이라 발표했는데, 허마가 30분 내 배송을 해주므로 미리 식료품을 사서 냉장고에 넣어둘 필요가 없게 될 것이라는 주장이었다.

허마셴성은 얼핏보면 단순히 깔끔한 슈퍼마켓 같지만, 알리바바 신유통의 핵심에 위치한다. 온라인과 오프라인 쇼핑을 연결하는 옴니 채널 기능을 하면서, 매장이 물류센터의 역할도 하기 때문이다. 상품을 직접 보고 만져본 후 오프라인 쇼핑도 할 수 있고, 온라인 주문이 들어오면 매장 천장에 달린 레일을 통해 물류를 처리한다. 점포 내에는 푸드코트도 운영된다. 직접 고른 매장 내 신선식품 및 해산물들을 가지고 셰프에게 조리해달라고 주문하는 방식이다. 실제로 허마셴성에서 99위안에 판매되는 랍스터 요리 인증샷을 올리는 것이 중국에서 유행하기도 했다. 점포에 푸드코트를 결합한 것은 외식문화가 발달한 중국 특성이 고려된 것도 있겠으나, 폐기율을 축소할 수 있는 방법으로 활용하고 있다. 선도가 중요한 신선식품의 특성상 폐기는 발생하기 마련인데, 취식을 위해 방문한 고객들을 통해 이러한 손실을 조금이라도 줄일 수 있기 때문이다.

> *"허마셴성은 점포 내 푸드코트 운영을 통해*
> *신선식품의 폐기율을 획기적으로 낮춘다!"*

또한 허마셴셩는 오프라인과 온라인 플랫폼에서 동일한 가격을 제공하기 때문에 자기잠식효과가 없다. 가격표는 종이 가격표가 아닌 전자 가격표를 사용하고 있어, 데이터를 중앙 시스템에서 수정하기만 하면 온라인과 오프라인 매장 상품의 가격을 동시에 변경할 수 있다.

허마셴셩 고객의 구매 패턴을 빅데이터로 분석한 결과 평균 구매 횟수는 월 4.5회와 연 50회였으며, 단위 면적당 매출은 일반 수퍼마켓의 3~5배로 나타났다. 온라인 주문 비중은 총 주문의 60% 정도다. 이는 허마셴셩 고객의 약 80%가 밀레니얼 세대이기 때문이다. 이들은 중국 개혁 개방 이후 빠른 경제 성장의 혜택을 본 세대기 때문에 온라인에 친숙하고, 가격보다 품질을 중요시하는 특성을 지니고 있다. 이에 따라 허마는 노후된 전통 대형마트보다는 깨끗하고 신선한 식재료를 구입할 수 있다는 점을 강조했다.

점포 확장세도 거세다. 2017년 9월 20개였던 점포는 2018년 40개로 늘었고, 2020년 상반기 기준 240여 개 매장으로 6배가 증가했다. 2022년까지 2,000개 점포 출점이 목표다. 과거 중국 대형마트 시장 점유율 1위 업체 RT마트 점포수가 461개였다는 점을 감안하면, 출점 속도는 매우 빠른 것이다. 특히 알리바바의 경쟁자들이 허마셴성과 비슷한 포맷으로 점포를 내놓았지만 시장을 빼앗아오는 데는 실패했고, 따라서 허마의 독주는 지속될 것으로 전망된다.

오프라인 진영: 월마트가 개명한 이유

월마트는 2018년 2월, 설립 48년 만에 이름을 바꿨다. 공식 사명인 월마트 스토어(Wal-Mart Stores)를 월마트(Walmart)로 교체한 것이다. 사명에서 점포를 뜻하는 Store를 제외한 것은 오프라인 채널에 연연하지 않고 고객이 언제 어디서나 원하는 방식으로 쇼핑할 수 있는 디지털 기반의 회사로 거듭나겠다는 의미로

풀이됐다. 이어서 월마트는 2016년 이커머스 스타트업 제트닷컴 (Jet.com), 2017년 배송 스타트업 파슬(Parcel), 2018년 인도 전자상 거래업체 플립카트(Flipkart)을 인수하며 온라인 사업 부문을 집중 적으로 강화하기 시작했다. 아마존을 따라잡기 위해서다.

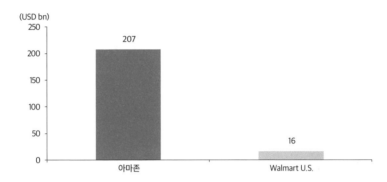

▶ 아마존 vs. 월마트: 이커머스 매출액

자료: 각 사, 이베스트투자증권 리서치센터
주: 2018년 기준

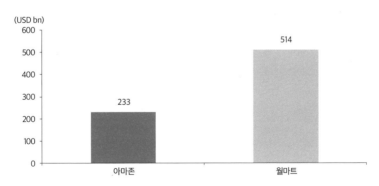

▶ 아마존 vs. 월마트: 전사 매출액

자료: 각 사, 이베스트투자증권 리서치센터
주: 2018년 기준

동시에 월마트 오프라인 점포들은 진화를 거듭하고 있다. 연간 500여 개의 매장씩 리모델링을 진행하고 있고, 점포 내 효율 제고를 위한 작업들을 시행 중이다. 매장 청소 로봇이나 재고 체크 로봇 등을 도입해 단순 반복 작업에 대해서는 비용 절감을 꾀하고 있다. 2019년 4월 기준 200여 개 이상의 점포에 청소 로봇(Autonomous Floor Scrubber)이 도입되었고, 1,500여 개 매장에 추가될 예정이다. 또한 900여 개 매장 내 온라인 주문을 픽업할 수 있는 대형 픽업타워 설치, 식료품 픽업(Grocery Pickup) 서비스 등을 운영함에 따라 점포 객수도 이끌어내려는 움직임이다. 덕분에 기존 점포 신장률 또한 22개 분기 연속 플러스 성장률을 이어가고 있다. 지난 11월 13일(현지 시각) 발표한 FY2021 4Q(2020. 11~2021. 1) 실적에서 월마트 미국 기존점 신장률은 +8.6%를 기록했다. 2020년 실적은 더 좋았지만 이는 코로나19에 따른 생필품 사재기 영향이 일부 반영되었을 것이다.

▶ **월마트 U.S. 기존점 신장률 추이**

—○— Wal-Mart U.S. 기존점 매출 신장률

자료: Walmart, 이베스트투자증권 리서치센터

월마트의 최근 행보를 신유통 개념에 적용시켜보자. 오프라인 점포는 이미 확보되었고, 온라인 부문은 앞서 언급한 대로 인수를 통해 몸집을 키웠다. 배송은 점포 네트워크를 활용해 아마존에 역공하고 있는 중이다. 미국 전역을 커버하고 있는 점포들을 활용해 여러 서비스도 내놓고 있다. 온라인에서 주문 후 점포에서 픽업하거나, 집 안으로 직접 가져다주거나, 아마존 프라임 회원과 동일하게 이틀(Two-day) 무료배송을 제공하지만 연회비를 거두지 않는 등 과감한 행보를 펼치고 있다.

가장 최근 내놓은 서비스는 2019년 9월에 론칭한 월마트 식료품 배달 구독(Walmart Grocery Delivery)이다. 이는 연간 98달러 또는 월 12.95달러를 냈을 때 무제한으로 식료품을 당일 배송해 주는 서비스로, 당일 배송이 원칙이다. 2017년 1월 론칭한 이틀(Two-day) 배송, 2019년 상반기 론칭한 다음 날(Next Day) 배송 이후 더 빨라진 속도다. 아마존이 가장 빠른 배송을 제공할 것 같지만, 월마트도 만만한 상대는 아닌 것이다.

월마트는 이 서비스를 2019년 6월 일부 지역에서 시범 운영을 시작한 후 3개월 만에 서비스 운영 매장 수를 늘리기로 결정했으며, 2020년 9월에는 이를 '월마트 플러스' 서비스로 업그레이드 해 내놨다. 그동안 식료품에 한했던 무료배송을 일반 상품까지 확대한 것으로, 약 16만 종에 달하는 상품들을 모두 무료배송 받을 수 있는 혜택을 제공한다.

월마트가 아마존에 대항해 빠른 배송을 할 수 있는 것은, 식료품 위주의 직매입 비즈니스 모델과 미국 전역에 촘촘히 깔려있는 점포 네트워크 덕이다. 월마트는 2019년 7월 기준으로 미국에 총 4,743개의 점포를 가지고 있으며, 이는 미국 전체 인구의 90%에게 10마일(약 16km) 안에 접근할 수 있는 월마트 점포가 있다는 뜻과 같다. 월마트는 점포들을 온라인 주문 처리를 위한 일종의 풀필먼트 센터로 활용하면서, 추가 투자를 최소화하며 온라인 매출을 늘려나가고 있다. 참고로 아마존이 인수한 홀푸드마켓은 프리미엄 마켓으로 점포의 성격이 다르기는 하나, 점포 수는 476개로 월마트의 약 1/10에 불과해 커버리지가 넓지 않다.

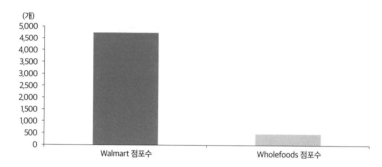

▶ 월마트 점포 수는 홀푸드의 10배

자료: 이베스트투자증권 리서치센터

▶ 월마트 식료품 온라인 배송 서비스

출시 시기	서비스명	내용	특징
2013년	Grocery Pickup Grocery Pick-up	온라인에서 주문 후 점포 Pick-up area에서 픽업	월마트 점포 또는 온라인 주문만을 담당하는 Dark-store에서 픽업 가능. 픽업 할인 받을 수 있음 현재 3,000개 점포에서 가능
2017년 1월	FREE 2-Day Shipping Free 2-Day Shipping	구매 금액 35달러 이상, 멤버십 필요 없음	아마존 프라임 회원과 동일한 Free 2-Day Shipping 서비스를 제공하면서 연회비가 없는 것이 특징 월마트 상품뿐만 아니라 Maketplace 상품 또한 포함

2019년 5월	Next-Day Delivery	구매 금액 35달러 이상 35달러 미만 주문 고객: 5.99달러	2019년 4월 아마존이 2-Day Shipping을 1-Day로 변경하자 론칭 온라인상 200,000개 품목 가능
2019년 6월	InHome In-home Delivery	구매 금액 30달러 이상	스마트 잠금장치 49.95달러(설치비 무료) 월 회원비 19.95달러(첫 달 무료)
2019년 9월	Delivery Unlimited Unlimited Same-day Delivery	온라인 식료품 무료배송 멤버십 연회비 98달러 또는 월 12.95달러	아마존 프레시 프로그램 월 14.99달러 (프라임 회원 add-on 금액 기준), 타깃 시프트 연회비 99달러 또는 월 14달러
2020년 10월	w+c Walmart Plus	연회비 98달러 또는 월 12.95달러. 일반 상품까지 16만 개 상품 무료배송, 최소 주문 금액 없음	기존 무제한 배송 서비스 업그레이드 아마존 프라임 연회비 119달러 대비 저렴

자료: Walmart, 이베스트투자증권 리서치센터

"미국 전체 인구의 90%가 16km 안에 접근할 수 있는

월마트 점포를 가지고 있다!"

이에 따라 월마트의 온라인 부문 성장은 빠르게 나타나고 있다. FY2017 3Q(2016. 8~10) 온라인 부문은 전년 동기 대비 63% 성장했고, 이후에도 FY2020 2Q까지 12개 분기 연속 두 자릿수

성장을 이어가고 있어 2018년 기준 온라인 매출액은 전년 대비 40% 증가한 160억 달러(약 18조 6,500억 원)을 기록했다. 이를 방증하듯 온라인 사업에 대한 기대감이 커지며 동사 주가는 2017년 초 대비 87.4% 상승했다. FY2020 3Q(2019. 8~10) 실적에서 월마트 온라인 부문 GMV 성장률은 +41%를 기록해, 최근 3개년간 분기 평균 43% 수준의 양호한 성장률을 보이고 있다.

▶ 월마트 온라인 부문 성장률 추이

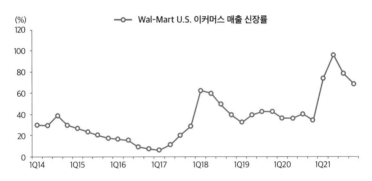

자료: 이베스트투자증권 리서치센터

▶ 월마트 vs. 아마존 당일배송 비교

	아마존 Same-day Delivery	월마트 Unlimited (Grocery) Delivery
Same-day Delivery 내용		
당일배송 상세	당일 수령(낮 12시 이전 주문)	당일 수령(최소 4시간 소요)
무료배송 대상고객	아마존 프라임 회원(연 $115) 중 $35 이상 주문 고객	구독 회원(연 $98, 월 $12.95) 중 $35 이상 주문 고객
품목 수	300만 개 이상 품목	18만여 개 품목
특징	프라임 회원 수 1억 5,000만 명 이상	전체 4,700여 개 매장 중 1,400여 개 매장에서 시행

자료: 각 사, 이베스트투자증권 리서치센터

유통업의 귀환을 꿈꾸다: 리테일의 미래

과거 유통업은 점포 설립에 좋은 위치를 선점하고 오프라인 점포의 수를 확장하는 것이 시장 점유율 확보에 있어서 중요했다. 온라인 유통이 확산되고 정보 공유가 용이해져 가격 비교가 활발해진 현재는 온/오프라인을 막론하고 '얼마나 많은 트래픽을 얼마나 오래 붙잡아둘 수 있는지'가 가장 중요해졌다. 전자책 때문에 곧 사라질 것만 같았던 서점에 의자가 늘어나는 이유고, 쇼핑몰이나 백화점에 도서관이 생긴 이유다.

이제부터 오프라인 유통과 온라인 유통의 경계는 점차 사라질 것이다. 오프라인 유통업체는 성장 동력을 위해 온라인 사업을 강화하고 싶어하고, 온라인 유통업체들은 영역 확장을 위해 오프라인 매장을 확보하고 싶어하기 때문이다. 또한 최근 들어 한 가지 흥미로운 점이 있다. 네이버, 카카오와 같은 플랫폼 업체들은 커머스를 확대하고 있는데, 커머스 업체들은 플랫폼으로 거듭나려는 시도를 하고 있다는 것이다. 쿠팡의 시작은 커머스였지만, 최근 OTT(Over The Top) 서비스를 론칭하고 쿠페이를 분사하는 등 빅테크 플랫폼의 요소를 갖추는 중이다. 더불어 이커머스 확산이 거스를 수 없는 대세가 되면서 물류와 택배 또한 이제 리테일에서 빠질 수 없는 요소가 되었다.

바야흐로 각 업종의 경계를 지을 필요 없이, 리테일을 둘러싼 산업들을 융합해 함께 분석해야 하는 시점이다. 그리고 그 중심에는 신유통이 있다. 소비자는 점점 더 스마트해지고 있고, 정보도 끊임없이 생산되고 공유되어 선택지는 꾸준히 늘어나고 있다. 따라서 수많은 경쟁자 사이에서 소비자를 플랫폼 생태계로 유입시키고, 지속적으로 붙잡아 이를 통한 거래 규모 증대를 이끌어내는 것이 더 중요하다고 판단한다. 또한 온라인 시프트, 물류 자동화, 첨단 배송, 리테일테크 등 빠르게 다가오는 메가 트렌드를 따라잡고, 이에 걸맞은 혁신을 만들어내야 한다. 흔히 이야기하는 유통업의 종말은 없다. 다만 진화할 뿐이다.

참고 문헌

홈쇼핑 시장의 환경변화에 따른 정책개선 방안 연구(2011.12),

　　　이종원/박민성

전자상거래와 소비자보호(1997.6) 한국소비자보호원, 강성진

출판산업의 현황과 발전방안(2002.4), 산업연구원, 이임자

카메라폰과 디지털카메라, 동반인가 경쟁인가(2004.7)

　　　LG경제연구원, 조준일

소셜커머스 시장현황과 과제(2015.12), 산업연구원

숨어있는 유통 섹터

부록 ▶ 유망 기업 25

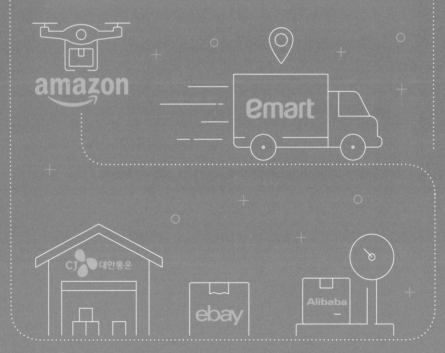

1. 롯데쇼핑

백화점, 대형마트, 슈퍼마켓, 전자제품 전문점, 홈쇼핑,
아울렛, 시네마까지 자타공인 대한민국 유통 명가

시가총액 **3조 5,644억 원**

기업 개요

·1970년 7월 협우실업으로 설립,
1979년 롯데쇼핑으로 상호 변경.
2006년 2월 국내 유가증권 시장
상장

·롯데백화점, 롯데마트, 롯데슈퍼,
롯데하이마트, 롯데홈쇼핑, 롯데시
네마, 이커머스(롯데온) 사업을 영위.
롯데면세점은 호텔롯데가 운영하
고 있으므로 헷갈리지 말기!

체크 포인트

·2020년 4월 출범한 롯데온 실적
주목할 필요. 코로나19 이후 유통업
내 온라인 시프트가 일어나는 상황.
이에 롯데쇼핑의 이커머스 사업인
롯데온의 실적 방향성이 중요할 것
으로 판단

·최근 백화점 MD 중 명품이 성장을
주도하는 품목 중 하나. 이에 경쟁
업체 대비 상대적으로 대중적인 이
미지를 띠고 있는 롯데백화점의 성
장 전략에 대해 지켜볼 필요가 있음

2. 현대백화점

원조 명품 백화점업체. 프리미엄 아울렛, 도심형 아울렛,
면세점, 복합쇼핑몰로 성장 동력 마련

시가총액 2조 1,226억 원

기업 개요

· 2021년 3월 기준 전국에 백화점 16
개(더현대서울 포함), 아울렛 7개, 면세
점 3개 운영 중

체크 포인트

· 최근 더현대 서울, 남양주 프리미엄
아울렛, 대전 프리미엄 아울렛 등의
점포를 성공적으로 개점함. 기존 안
정적인 명품 점포들과 함께 신규 점
포의 실적 기여도 체크

· 면세점 후발주자로서 초기 알선 수
수료 비용 부담이 있었음. 이러한 비
용 어떻게 줄어드는지 살펴보기. 면
세점 공항점은 코로나19 시기 때 오
픈. 이에 정상화 국면에서 공항 임
대료 부담 어떻게 작용하는 지 지켜
볼 필요가 있음

3. 신세계

요즘 명품은 여기가 대세! 2015년 공항면세점,
2016년 시내면세점을 시작으로 면세점 사업도 안착

시가총액 2조 7,665억 원

기업 개요

· 백화점 사업, 패션 및 라이프스타일, 화장품 제조 및 도소매 사업, 면세점 사업, 부동산 및 여객터미널업, 가구 소매업, 미디어콘텐츠 사업, 벤처캐피탈 사업을 영위하는 업체

· 주요 연결 자회사로 신세계인터내셔널, 신세계센트럴시티, 신세계동대구복합환승센터, 신세계디에프, 까사미아 등이 있음

체크 포인트

· 코로나19 이후 출입국자의 회복, 해외 여행 재개 등이 나타나면 면세점 부문 회복 전개 체크

· 명품 비중 상승에 따라 향후 백화점 수익성 제고 방안은 중장기적으로 고민할 부분

4. 이마트

힘을 잃던 대형마트 포맷에 온라인 장보기로 강한 한 방을 날리다

시가총액 **4조 7,667억 원**

기업 개요

· 2011년 5월 ㈜신세계의 대형마트 부문이 인적 분할되어 설립. 2020년 12월말 기준 국내에 160개 이마트 점포 운영 중

· 대형마트, 트레이더스, 전문점 등의 포맷을 운영하고 있음. 이외에 슈퍼마켓, 온라인, 편의점, 부동산 디벨로퍼 사업 또한 영위 중이며, 주요 연결 자회사로 신세계조선호텔, 신세계푸드, 신세계I&C, 신세계건설 등이 있음

체크 포인트

· 온라인 장보기 활성화에 따라 SSG.com의 외형 성장 두드러지는 중. 향후 SSG.com의 이익단 개선 여부에 주목할 필요가 있음

· 대형마트 본업의 Grocery 강화 전략, 전문점 구조조정 효과, 네이버와의 지분 교환을 통한 협업 등이 지속적으로 체크해야 하는 포인트

5. BGF리테일

편의점 Pure Player

시가총액 **2조 7,309억 원**

기업 개요

· 편의점 CU를 운영. 2014년 5월 상장 후 2017년 ㈜비지에프에서 인적분할해 2017년 12월 8일 비지에프리테일로 재상장

· 주요 종속 회사를 통해 물류사업과 식품 제조 등의 사업도 영위하고 있음

체크 포인트

· 편의점 재계약 시장 내 Top 2(BGF리테일, GS리테일)의 점유율 확대. HMR 강화 전략을 통한 수익성 제고 등을 지켜볼 필요가 있음

· 네이버와의 협업을 통한 차세대 편의점 개발, 배달 점포 확대 등 미래 전략 주목

6. GS리테일

편의점, 슈퍼마켓, 호텔에다 이제는 홈쇼핑까지!
GS그룹의 유통 담당

시가총액 2조 9,376억 원

기업 개요

· 편의점 GS25, 슈퍼마켓 GS수퍼, 파르나스 호텔 사업 등을 영위. 과거 GS마트라는 할인점, GS스퀘어 백화점 사업을 영위했으나 2009년 이를 매각하기로 결정하고 편의점 및 슈퍼마켓 사업에 역량을 집중함

· GS홈쇼핑 흡수 합병 결정, 2021년 7월 합병 예정

체크 포인트

· 편의점 Top 2의 시장 지배력 강화, 슈퍼마켓 "체인 오퍼레이션" 전략의 구조조정 효과 등이 포인트

· GS홈쇼핑과 합병 후 온/오프라인 물류, 배송 인프라 확대, 온/오프라인 통합 플랫폼 전략 주목

7. CJ대한통운

이커머스 성장과 궤를 같이 하는 택배에 주목하라!

시가총액 4조 1,747억 원

기업 개요

·1930년 설립, CL사업(계약 물류), 택배 사업, 글로벌 사업, 건설 사업을 영위하고 있음

·이커머스 성장과 함께 택배 시장 규모가 확대되고 있고, 빠른 배송에 대한 소비자들의 요구도 증가하고 있어 CJ대한통운 또한 택배 사업 부문을 주요 성장 동력 중 하나로 삼고 있음

체크 포인트

·네이버와의 풀필먼트 확대 및 물류 공동 투자, 물류 관련 기술 개발 등 경쟁력 확보

·2021년 4월 택배 단가 인상 이후 실적 영향, 쿠팡 택배 사업자 라이선스 발급 이후 택배사들의 경쟁 구도 체크할 필요 있음

8. 아마존

글로벌 유통 공룡

시가총액 **1,757조 원(1조 5,581억 달러)**

기업 개요

· 1995년 설립된 전자상거래 기반 업체. 아마존닷컴을 통해 소비자들에게 다양한 상품을 제공하고 있음. 전자책 리더기 킨들, 태블릿 PC인 킨들 파이어, Fire TV와 같은 셋톱박스 TV 등의 제조 판매도 하고 있고, 전세계적으로 서비스를 제공하는 클라우드 플랫폼 AWS(Amazon Web Services)도 운영

체크 포인트

· 2020년 코로나19로 인한 팬데믹으로 이커머스 성장이 두드러졌음. 2020년 11월에는 처방약을 집으로 배달해주는 서비스 '아마존 파머시'를 론칭해 온라인 의약품 시장에도 발을 들여놓았음. 저자는 온라인 쇼핑 시장의 블루오션이 식료품, 의약품이라 전망함

· 빅테크 반독점 규제, 아마존 노조 결성 등 이슈 등은 지속적으로 체크할 필요가 있음

(단위: $)

9. 알리바바

양쯔강의 악어

시가총액 693조 원(6,147억 달러)

기업 개요

· 1999년 설립된 중국 시장 점유율 1위 전자상거래업체. 타오바오, 티몰, 알리익스프레스 등을 운영하고 있으며 간편결제 시스템 알리페이를 2003년 론칭해 제공

· 2014년 뉴욕증권거래소에 상장되었으며 2019년에는 창업자 마윈 회장이 사퇴하고 장융이 회장직을 맡고 있음. 전자상거래로 시작했지만 사업 영역을 확장하고 여러 플랫폼 업체들을 인수해 현재는 영화 제작, 클라우드 컴퓨팅, 오프라인 유통, 인공지능 사업 등 다양한 사업 포트폴리오 확보

체크 포인트

· 중국 당국의 반독점 규제에 따른 과징금 부과, 핀테크 자회사 앤트그룹의 상장 무산 등 중국 정부 입장이 동사의 영업 및 성장에 부정적인 영향을 받고 있음. 이러한 부분의 해소에 대해 팔로우업 할 필요가 있음

(단위: $)

Alibaba Group Holdings Ltd

10. 핀둬둬

초저가와 공동구매로 알리바바를 넘어서다

시가총액 185조 7,799억 원(1,648억 달러)

기업 개요

·핀둬둬는 2015년 설립된 중국의 전자
상거래 플랫폼. 공동구매 형태 판매를
대표적으로 제공하고 있으며 식품, 패
션, 미용, 전자기기 등 다양한 상품 구
매 가능. 회사명은 많이(duo duo) 끌어
모은다(pin)는 뜻. 사람이 많이 모이면
할인 폭이 높아지는 공동구매 형태 운
영 중. 2018년 나스닥에 상장

·설립한 지 4년 만에 4억 명의 사용
자를 확보했으며, 2020년 말 기준
연간 구매 고객 수는 7억 8,800만
명으로 7억 7,900만 명인 알리바바
를 넘어섰음

체크 포인트

·중국 내 3선 이하 하급 도시의 고객
들에 집중하면서 시장 점유율을 높
임. 상대적으로 가격에 더욱 민감한
소비자들에게 공동 구매 형태가 유
효하게 작용하자, 경쟁사들도 공동
구매 서비스를 론칭

·핀둬둬 창업자인 황정 회장이 2021
년 3월 회장직 사퇴와 함께 주식 의
결권 행사도 이사회에 위임하겠다
고 밝힘. 반독점 규제 등 정치적으
로 중국 인터넷 기업들에 대한 불확
실성이 존재함에 따른 움직임이었
다는 평가. 향후 이 점의 해소 여부
중요해질 것

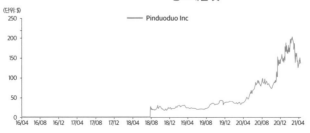

11. 엣시

핸드메이드 상품 전문 커머스 업체

시가총액 28조 6,640억 원(254억 달러)

기업 개요
· 엣시는 2005년 설립된 전자상거래 업체로, 핸드메이드 물건, 빈티지 아이템, 공예품 등을 전문으로 다루고 있음. 다른 곳에서 찾아볼 수 없는 제품들을 주로 판매

· 2020년 말 기준 구매자 수는 8,200만 명, 판매자 수는 4백만 명 수준. 코로나19로 인해 고객과의 접점이 감소한 판매자들 다수 유입

체크 포인트
· 개인들이 직접 제작하는 핸드메이드 상품을 위주로 판매하고 있기 때문에 상품 차별화를 통해 경쟁이 치열한 이커머스 시장에서 좋은 실적을 보이고 있음. 2020년에는 미국 전체 이커머스 시장 성장률 대비 엣시의 거래액 성장률이 2.5배 아웃퍼폼하는 모습이 나타났음

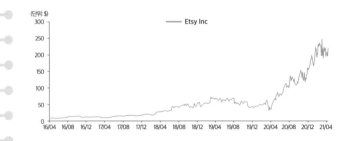

(단위: $)

— Etsy Inc

12. 더리얼리얼

구하기 어려운 명품 브랜드를 중고로!

시가총액 **2조 2,924억 원(20억 달러)**

기업 개요
· 2011년 설립된 명품 중고 거래 이커머스 업체. 2017년에는 뉴욕에 오프라인 점포를 오픈하기도 했으며 이어 2018년에는 LA에 2호점 오픈. 2019년 나스닥에 상장

체크 포인트
· 더리얼리얼에 따르면 2014년 전체 럭셔리 시장 내 온라인 비중은 5%에 불과했으나, 2025년에는 29%까지 상승할 전망

· 럭셔리 시장이 지속적으로 성장하고 있어 이와 함께 명품 중고 거래 시장 또한 활성화하는 중. Frost&Sullivan에 따르면 미국 명품 리세일 시장은 약 1,980억 달러로 추산. 소비자들이 명품을 보유하는 평균 기간은 5.3년으로 매년 370억 달러의 물량이 리세일 시장에 공급되고 있음

· 한국에도 비상장업체 중 중고 명품 거래 또는 병행 수입 명품 온라인 판매 사이트 등이 생겨나고 있어 향후 시장 재편에 대해 주목할 필요 있음

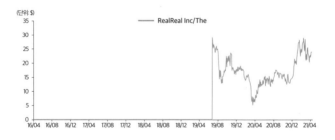

13. 파페치

전세계 모든 럭셔리 패션을 한자리에

시가총액 21조 2,103억 원(188억 달러)

기업 개요

· 2007년 설립된 영국의 명품 패션 플랫폼 업체. 여타 명품 플랫폼 업체와 다른 점은 직매입보다는 수수료를 통한 매출액 비중이 높아 안정적인 사업 구조를 가지고 있다는 점

· 2018년 9월 뉴욕증권거래소에 상장되었으며, 2020년 11월 알리바바와 리치몬트 그룹이 약 11억 달러를 투자해 주목을 끌었음. 구찌 브랜드로 잘 알려진 케링의 모회사 아르테미스 그룹도 파페치에 5천만 달러를 투자

체크 포인트

· 알리바바의 투자를 받으면서 중국 명품 시장으로 포트폴리오 다양화를 진행 중. 2021년 3월 1일 파페치는 Tmall 에 공식 쇼핑몰을 론칭했으며, 파페치 차이나를 통해 알리바바의 럭셔리 사업 부문, 더 나아가 중국 온라인 명품 시장에 본격적으로 진출할 전망

14. 테이크어웨이닷컴

우버도 꺾은 유럽판 배달의민족

시가총액 **15조 5,009억 원(117억 유로)**

기업 개요

·네덜란드의 온라인 음식 주문 배달 업체. 2000년도에 설립되었으며, CEO 이처 흐룬은 단돈 50유로로 창업. 2020년 영국의 Just Eat을 합병하면서 Just Eat Takeaway로 출범. 2016년 상장. 2020년에는 미국의 그럽허브 또한 인수하면서 몸집을 키우고 있음

체크 포인트

·코로나19로 인해 사소한 것들도 배달 받고자 하는 수요가 증가하고 있고, 이에 음식 배달 시장 규모는 지속적으로 폭발적 성장을 전망함

·동사는 독일 딜리버리 히어로를 밀어내고 유럽 및 영국 배달 시장 1위를 기록했으며, 그럽허브까지 인수하면서 영국, 유럽, 미국을 커버하는 음식 배달 플랫폼으로 사업 영역 확장

(단위: 유로)

Takeaway.com NV

15. 이베이

온라인 경매에서 이커머스 거물이 되다

시가총액 46조 9,877억 원(417억 달러)

기업 개요

· 1995년 설립된 온라인 쇼핑몰 업체. 상품 판매에 대한 수수료 과금을 주요 사업 모델로 택하고 있음. 2019년 기준 전세계 32개국에서 사업을 영위하고 있음. 1998년 미국 나스닥 시장 상장

체크 포인트

· 안정적인 실적 모델을 가지고 있지만, 매출 및 이익의 성장 폭은 지속해서 둔화하는 중

· 특히 최근 이커머스 분야에서 두드러진 변화 중 하나가 판매자들의 마켓플레이스/오픈마켓 이탈과 D2C(Direct to Customer) 쇼핑몰로의 이동이다 보니, D2C 플랫폼 Shopify 등과의 협력을 확대하는 중

(단위: $)

eBay Inc

16. JD닷컴

중국 이커머스 물류는 알리바바보다도 잘한다

시가총액 **148조 8,068억 원(1,320억 달러)**

기업 개요

· 2004년에 류창동이 설립한 중국의
전자상거래업체. 2014년 나스닥에
상장되었으며 알리바바에 이어 중국
이커머스 시장 점유율 2위 업체

체크 포인트

· 동사의 물류 자회사 '징동물류(JD
Logistics)'는 스마트 물류에 집중하는
중. 800여 개의 물류센터 운영 중이
며, 상품 픽업부터 포장, 출고까지 전
과정을 무인으로 운영하는 물류센터

를 2017년에 공개하기도 함. 이 외에
도 배송 드론, 무인 배송 차량 등을 개
발. 징동의 자사 물류 외에도 외부 물
량 또한 처리 중

· 징동물류는 2021년 2월 홍콩 증시
상장을 신청. 징동의 징동물류 지분
율은 79.12%. 한편 중국 당국의 기술
기업 규제에 징동의 핀테크 자회사
인 '징동 테크놀로지'는 상하이 증권
거래소 과학혁신판 상장을 철회

(단위: $)

JD.com Inc

17. 오카도

온라인 신선식품 시장의 선두자

시가총액 23조 3,796억 원(150억 파운드)

기업 개요

· 2000년에 설립된 온라인 신선식품 업체. 2010년에 런던주식거래소에 상장. 오프라인 매장 없이, 온라인으로만 신선식품을 판매하고 있음. 영국에 총 4개의 물류센터를 운영 중

체크 포인트

· 유통업체 중 물류 자동화 및 시스템 고도화에 적극적으로 투자하고 있음. 현재 운영 중인 4개의 물류센터는 1,000여 대의 로봇들이 주문을 처리하고 있으며, 이에 한국 대형마트 업체들 또한 오카도를 벤치마크하고 있음

· 2020년에는 미국 로봇 스타트업 해딩턴 다이나믹스와 킨드레드 시스템즈를 인수. 2021년 2월에 미니 풀필먼트 센터를 오픈하는 등 캐파 확장과 배송 인프라 고도화에 집중하고 있음

(단위: £)

18. 쇼피파이

상품보다는 상점으로, 나만의 쇼핑몰

시가총액 151조 7,381억 원(1,364억 달러)

기업 개요

· 2006년 설립된 온라인 쇼핑몰 SaaS-(Software as a Service) 업체. 판매자들이 독자적인 쇼핑몰을 운영할 수 있도록 인터넷 홈페이지 제작, 고객 관리, 마케팅, 결제 등 통합 솔루션을 제공

체크 포인트

· 2020년 2분기 301억 달러의 거래액을 기록하며 기존 전자상거래 2위 업체인 이베이를 제치고 아마존에 이어 2위 이커머스 업체로 등극. 정식 서비스 론칭 이후 6년 만에 아마존과 이베이 다음으로 미국 전자상거래 M/S 3위에 등극했는데, 코로나19와 D2C 시프트 트렌드를 업고 레벨업 중

· 셀러들에게 제공하는 월 구독료 모델을 기반으로 수많은 셀러들을 확보해놓고, 이들에게 필요한 여러 가지 부가 서비스를 붙여가면서 수익화를 이뤄내고 있음

(단위: $)

19. 메르카도리브레

라틴 아메리카의 아마존

시가총액 82조 7,830억 원(734억 달러)

기업 개요

·1999년 설립된 아르헨티나의 전자상
거래업체로, 현재는 라틴 아메리카 지
역 18개국에서 이커머스 사업을 영
위 중. 등록 회원 수는 3억 2천만 명,
2007년 라틴 아메리카 테크 기업 중
에는 처음으로 나스닥에 상장

체크 포인트

·핀테크 사업과 이커머스의 시너지가
중요. 메르카도 파고(Mercado Pago)라
는 자체 간편결제 플랫폼을 운영하
고 있음. 라틴 아메리카는 은행 계좌
보유 비율도 낮고, 현금 결제 비중이
높아 페이팔 모델로 운영되는 메르
카도 파고는 성장성이 크다고 전망

·물류 자회사 메르카도 엔비오스 또
한 주목할 필요. 자체 물류 인프라를
통해 48시간 내 배송, 익일배송, 당
일배송 등을 제공. 2019년에는 아르
헨티나, 브라질, 멕시코에 풀필먼트
센터를 오픈했으며, 2020년에는 칠
레와 콜롬비아에 풀필먼트 센터를
오픈

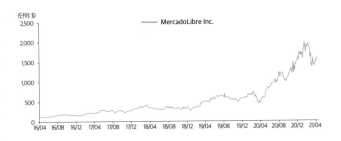

(단위: $) / MercadoLibre Inc.

20. 씨리미티드

동남아 인터넷 확장 선물세트

시가총액 **128조 6,697억 원(1,141억 달러)**

기업 개요

· 2009년 설립된 인터넷 플랫폼 기업으로, 이커머스 사업 부문인 쇼피(Shopee), 게임 및 디지털 콘텐츠 사업 부문인 가레나(Garena), 디지털 금융 서비스 부문인 씨머니(Sea Money)로 구성. 2017년 뉴욕증권거래소 상장

체크 포인트

· 동남아시아는 6억 4천만 명에 달하는 풍부한 인구, 한 자릿수 수준에 불과한 인터넷 쇼핑 침투율, 높은 모바일 보급률(동남아시아 119% vs. 글로벌 평균 96.1%)로 인해 이커머스 시장이 꾸준히 성장할 것으로 기대되는 지역

· 특히 베트남 인터넷 사용자들의 온라인 체류 시간은 평균 6시간으로 세계 최고 수준이며 생산가능인구(15~64세) 비중은 70.8% 수준으로 매우 높은데, 씨리미티드의 쇼피는 베트남 1위 이커머스 사업자

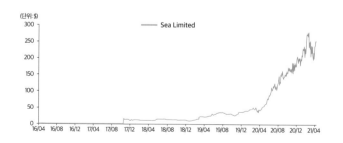

(단위: $)

Sea Limited

21. 주미아

들어는 봤나?! 아프리카의 아마존

시가총액 3조 9,420억 원(35억 달러)

기업 개요

· 2012년 설립된 아프리카 대륙 이커
머스 회사. 이집트, 모로코, 케냐, 남
아프리카공화국, 튀니지, 탄자니아,
카메룬 등 아프리카 14개국에서 이
커머스 사업을 영위하고 있음. 2019
년에 뉴욕증권거래소에 상장

체크 포인트

· 상대적으로 낮은 아프리카 지역 인
터넷 보급률 및 전자상거래 확산에
주목할 필요. 아프리카 시장은 이커
머스 극초기 단계. 주미아페이 등 자
체 결제 플랫폼 또한 확보했다는 점
은 긍정적

· 물류 인프라 및 판매 상품들의 공급
체인 등은 향후 시장 성장을 위해 극
복해야 할 과제

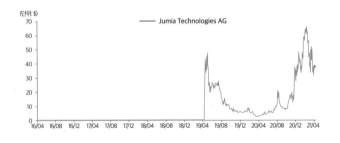

22. 쿠팡

한국 이커머스에 로켓을 발사하다

시가총액 95조 4,425억 원(846억 달러)

기업 개요

·2010년 설립된 한국의 이커머스 업체. 공동구매 형태의 소셜커머스로 사업을 시작했으나 2014년 익일 배송을 기반으로 한 로켓배송 서비스로 높은 시장 점유율 확보하기 시작. 2021년 뉴욕증권거래소에 상장

체크 포인트

·대규모 적자 개선 여부

·상장 이후 조달 받은 자금을 통해 이커머스 외 OTT, 택배/물류, 페이먼트, 쿠팡이츠 등 사업 포트폴리오 확장에 대해서 지속적으로 팔로우업 할 필요 있음

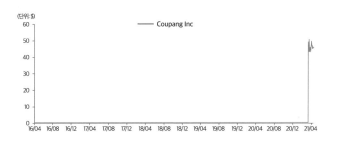

23. 츄이

미국 반려동물 용품 1위 이커머스 업체

시가총액 **39조 6,654억 원(351억 달러)**

기업 개요

· 2011년 설립된 미국의 반려 동물 용
품 이커머스 업체. 2019년 뉴욕증권
거래소 상장. 반려동물 사료, 장난감,
영양제 등 관련 제품들을 취급

체크 포인트

· 미국 1위 온라인 반려동물 쇼핑몰.
코로나19 이후로 집콕 문화, 재택 근
무 확산. 이에 반려동물 수요 증가.
KOTRA의 조사에 따르면 미국 내 반
려묘 수는 9,500만 마리, 반려견은
9,000만 마리로 추정됨

· 유로모니터에 따르면 2025년까지
미국의 반려동물 케어 시장은 619
억 5,770만 달러(약 70조 원)까지 성
장할 것으로 전망. 다만 츄이의 순
이익은 아직 흑자전환 하지 못한 상
태로, 향후 이익 개선 여부를 체크
할 필요 있음

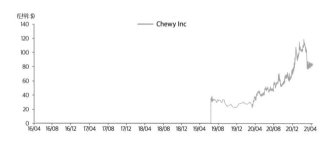

24. 잘란도

유럽 패션 마켓플레이스

시가총액 28조 8,750억 원(218억 유로)

기업 개요

·2008년 독일에서 설립된 이커머스 업체. 현재는 유럽 17개국에서 이커머스 사업을 영위하고 있으며, 의류, 신발, 잡화 등 패션 상품 위주의 MD를 운영하고 있음. 2014년 독일 프랑크푸르트 거래소에 상장

체크 포인트

·독일에서 시작해 유럽 최대의 패션 쇼핑몰로 성장. 2020년까지 연평균 거래액 성장률 26.1%을 기록했으며, 2025년까지 연평균 성장률 20~25%을 예상해 300억 유로의 거래액이 목표(코로나19 이후 상향한 수치)

·활성 유저 수는 3,800만 명 수준. 영업이익(EBIT) 기준 수익성은 2021년 3.5~4.1% 달성이 가이던스. 이는 2019년 제시했던 2~4% 대비 상향된 수치. 회사는 2022~2025년 영업이익률(EBIT 기준) 3~6% 수준을 가이던스로 제시

(단위: 유로)

25. 플립카트(비상장)

또 다른 이커머스 블루오션, 인도

시가총액 39조 원(예상)

기업 개요

· 2007년 설립한 인도의 이커머스 업체. 온라인 서점으로 사업을 시작했으며, 현재 인도 최대 전자상거래 업체. 2018년 월마트가 인수해 81.3% 지분을 가지고 있으며 이르면 2021년 4분기 중 미국증시에 상장 추진할 것으로 보도

체크 포인트

· 인도는 13.7억 명에 달하는 풍부한 인구를 가지고 있어 중국 다음으로 전 세계 2위. 이와 더불어 낮은 인터넷 보급률 등 향후 이커머스 시장 성장성 높음. 더불어 플립카트는 인수합병을 적극적으로 진행해 잠재적 경쟁자들을 제거해 왔음

· 인도 이커머스 시장 내에서 아마존의 공격도 만만치 않아 이를 어떠한 전략을 통해 따돌릴지도 중요

유통의 귀환

초판 1쇄 인쇄 2021년 4월 23일
초판 2쇄 발행 2021년 5월 11일

지은이 오린아
펴낸이 권기대

펴낸곳 베가북스 **출판등록** 2004년 9월 22일 제2015-000046호
주소 (07269) 서울특별시 영등포구 양산로3길 9, 2층
주문·문의 전화 (02)322-7241 팩스 (02)322-7242

ISBN 979-11-90242-80-6

＊ 책값은 뒤표지에 있습니다.
＊ 잘못된 책은 구입하신 서점에서 바꾸어 드립니다.
＊ 좋은 책을 만드는 것은 바로 독자 여러분입니다.
　베가북스는 독자 의견에 항상 귀를 기울입니다. 베가북스의 문은 항상 열려 있습니다.
　원고 투고 또는 문의사항은 vega7241@naver.com으로 보내주시기 바랍니다.
＊ 베가북스에 대한 더 많은 정보가 필요하신 분은 홈페이지를 방문해주시기 바랍니다.

vegabooks@naver.com www.vegabooks.co.kr
http://blog.naver.com/vegabooks   vegabooks   VegaBooksCo